DÉVELOPPEMENT ET RÉSILIENCE : PARCOURS AU CŒUR DU SÉNÉGAL RURAL

Les enseignements du terrain

Libasse SOW

DÉVELOPPEMENT ET RÉSILIENCE : PARCOURS AU CŒUR DU SÉNÉGAL RURAL

Les enseignements du terrain

Préface du Pr Omar GUEYE

L'Harmattan Sénégal

10 VDN, Sicap Amitié 3, Lotissement Cité Police, DAKAR

senharmattan@gmail.com
senlibrairie@gmail.com

ISBN : 978-2-336-59628-0
EAN : 9782336596280

LISTE DES ACRONYMES

ORGANISATIONS & INSTITUTIONS

- **ADENA** - Association pour le Développement de Namarel
- **BIT** - Bureau International du Travail
- **CIRAD** - Centre de coopération internationale en recherche agronomique pour le développement
- **FAO** - Organisation des Nations Unies pour l'alimentation et l'agriculture
- **IAGU** - Institut Africain de Gestion Urbaine
- **OCDE** - Organisation de coopération et de développement économiques
- **PUDC** - Programme d'Urgence de Développement Communautaire
- **SAED** - Société nationale d'aménagement et d'exploitation des terres du delta du fleuve Sénégal
- **SODAGRI** - Société de développement agricole et industriel du Sénégal
- **SONACOS** - Société nationale de commercialisation des oléagineux du Sénégal

PROGRAMMES & MÉTHODOLOGIES

- **PSE** - Plan Sénégal Émergent
- **PAS** - Programmes d'ajustement structurel
- **TRAC** - Méthodologie en 5 étapes (Toucher, Responsabiliser, Approprier, Accompagner, Consolider)

- **PADEV** - Participatory Assessment and Development Evaluation
- **KPI** - Key Performance Indicators (Indicateurs clés de performance)

ORGANISATIONS COMMUNAUTAIRES

- **RESOP** - Réseau des organisations paysannes
- **GIEs** - Groupements d'intérêt économique
- **ONG** - Organisation non gouvernementale
- **THP** - The Hunger Project

DOMAINES TECHNIQUES

- **SIG** - Système d'information géographique
- **IA** - Intelligence artificielle
- **COVID-19** - Coronavirus Disease 2019

ORGANISMES DE RECHERCHE

- **IPAR** - Initiative Prospective Agricole et Rurale

Dédicace

À la mémoire de ceux qui ont planté en moi les graines de cet ouvrage,

À mon père, Abdoulaye Sow,
dont la sagesse silencieuse et le labeur obstiné
m'ont appris que la terre ne ment jamais
à ceux qui la cultivent avec respect.

À ma mère, Dieynaba Sow,
qui portait l'eau, le foyer et l'espoir
dans la dignité de chaque geste,
et dont le courage humble et la générosité ont façonné la personne que je suis.

À mon oncle, Sidy Diarry Sow,
gardien des sept serments peuls,
qui m'a transmis que le développement
commence par l'honnêteté et le partage,
et que la vraie richesse est dans le lien.

Bien que vous ne soyez plus de ce monde,
vos enseignements vivent dans ces pages.
Vos noms résonnent dans chaque village évoqué,
vos valeurs animent chaque solution proposée.

Puissent ces lignes honorer votre héritage
et porter plus loin la flamme que vous avez allumée.

Remerciements

Je tiens à exprimer ma profonde gratitude :

Aux communautés rurales qui m'ont accueilli, m'ont fait confiance et m'ont offert le lait de leur hospitalité. Votre sagesse et votre résilience sont la source première de cet ouvrage.

À Madame Madeleine Cissé, ancienne Directrice Nationale de The Hunger Project, dont la vision et le leadership ont inspiré toute une génération d'acteurs du développement.

À Alassane Pouye, actuel Directeur National de The Hunger Project, pour sa confiance et son soutien constant dans la conduite des missions de terrain.

À mes anciens collègues de The Hunger Project - Khary Cissé, Bineta Diop, Saguinatou Abass Aw, Ndeye Aicha Touré, Fatim Diop et Yandé Diatta - dont l'engagement professionnel et les riches échanges ont considérablement enrichi ma compréhension des enjeux du développement.

À tous les enquêteurs de terrain, dont le travail méticuleux a permis de documenter des réalités souvent invisibles et d'apporter la rigueur nécessaire à cette analyse.

À tous les leaders communautaires rencontrés sur le terrain, dont l'éloquence et l'engagement incarnent le véritable leadership local.

Aux relecteurs précieux, notamment Omar Gueye, professeur d'histoire à l'université Cheikh Anta Diop de Dakar, Moustapha Diop professeur de français au CEM Thiaroye 44 et Cyprien Antoine Ballo Administrateur civil, qui ont offert leurs commentaires éclairés et leurs critiques constructives.

À ma famille, notamment mon épouse Awa Sow et mes enfants, pour leur patience durant les longues absences sur le terrain et leur soutien indéfectible.

À mes frères et sœurs, pour leur présence constante, leur patience et leur soutien discret mais précieux. Chacun, à sa manière, a contribué à ce chemin par un mot, un silence, un encouragement ou une confiance jamais remise en question. Cet ouvrage leur doit beaucoup, et je leur en suis profondément reconnaissant.

À Monsieur Omar Diop Mbow, inspecteur des impôts, et à Bassirou Soumaré, inspecteur du travail, pour leur disponibilité, leurs conseils avisés et le soutien qu'ils m'ont apporté tout au long de ce travail.

Enfin, à tous ceux qui, dans les villages oubliés, continuent de croire que le développement doit d'abord rimer avec dignité et qui, par leur résilience au quotidien, écrivent les pages les plus authentiques du développement rural.

Préface

Sous les étoiles, le poids des inégalités

Le présent livre est le produit d'une réflexion autour des tribulations d'un homme de terrain à la recherche de voies du bonheur pour ses semblables et concitoyens des régions rurales, prétendument pauvres, précarisées, voire condamnées à la survie dans des conditions assez anachroniques d'un nouveau siècle qui a déjà atteint son quart de tour. Entre les promesses d'un lendemain incertain et les réalités d'un quotidien à conquérir, les populations rurales font de la résilience leur crédo, qui s'apparenterait plutôt à un art de vivre.

Libasse Sow, expert en suivi-évaluation de projets, aborde avec lucidité et sympathie, le plus souvent avec beaucoup d'empathie, les réalités vécues d'après ses enquêtés et pratiques de terrain auprès des populations rurales, avec qui il a en partage les langues, cultures et coutumes des localités étudiées. À son récit, il ajoute une dose de technocratie qui lui permet un audit et des propositions de solutions au-delà d'un simple diagnostic de la situation ou des situations. Le cheminement du dedans permet ainsi d'appréhender des questions et leurs réponses par les populations elles-mêmes, qui proposent les voies les mieux adaptées à leur condition et souvent peu prises en compte par les décideurs et autres développeurs, qui proposent des solutions souvent plus coûteuses et moins performantes, qui prolongent, provisoirement, les attentes de destinataires astreints à se débrouiller avec les moyens du bord.

Le récit engagé, plein d'empathie, mais tout aussi scientifique, témoigne de la compréhension des phénomènes décrits en raison de la proximité de l'auteur avec les populations des zones concernées, les communautés pastorales Fulbé disséminées dans ces localités, qui sont aussi sa zone d'exercice professionnel. La corrélation avec les réalités décrites renvoie au souvenir lointain d'une expérience de vie de l'auteur ayant déjà exercé l'activité de berger transhumant dans son enfance, dans l'ancienne région du Cap-Vert, aujourd'hui Dakar, qui n'était pas un champ de béton en devenir, mais une vaste prairie où l'herbe poussait encore pour les animaux en divagation, avec des bergers de métier à la tête de leur bétail. Cette expérience, prolongée plus tard dans ses activités professionnelles d'expert en suivi-évaluation de projets, le replonge dans son milieu d'appartenance naturel et de cœur, qu'il n'a jamais quitté, en fait. La plongée au cœur du monde rural, qui est plus qu'une oasis en perdition, explore les heurs et malheurs des initiatives communautaires, exposés à travers un récit poignant et engageant où la première personne du Je au singulier alterne avec le Nous collectif. Plus qu'un cri de révolte face à des situations de précarités préjudiciables, ce récit propose lucidement des alternatives durables, aussi bien pour les populations rurales, les pouvoirs publics que pour l'écosystème. À l'aube d'une nouvelle ère de promesses d'un lendemain plus enchanteur, que le cri de cœur fasse écho au soleil levant qui apporte la lumière d'espérance et que le soir, enfin, les étoiles brillent pour tous dans la joie.

Pr Omar GUEYE

Département histoire et géographie,
Université Cheikh Anta Diop, Dakar

Avant-propos

Ce livre est né d'une conviction simple, mais obstinée : le développement se juge à l'aune des vies qu'il transforme, pas des rapports qu'il produit.

Au fil de dix années d'immersion dans le Sénégal rural, j'ai découvert un monde de paradoxes. Des projets bien financés qui échouent, des initiatives modestes qui réussissent. Des solutions sophistiquées importées qui échouent, des adaptations locales simples qui fonctionnent. Des bailleurs qui doutent, des communautés qui persistent.

Cet ouvrage n'est pas un traité de développement. C'est plutôt un carnet de route, le récit d'un apprentissage progressif auprès de ceux qui vivent le développement au quotidien. C'est le fruit de rencontres, de dialogues, mais aussi de silences et d'observations patientes.

J'ai choisi de laisser une large place aux témoignages directs, aux récits bruts, car c'est dans la parole des acteurs de terrain que réside la vérité la plus profonde. Les analyses et propositions qui émergent de ces récits veulent être des outils pour l'action, non des théories détachées du réel.

Si ce livre peut contribuer, ne serait-ce qu'un peu, à changer le regard sur le développement rural et à inspirer des pratiques plus humbles et plus efficaces, il aura atteint son objectif.

Libasse Sow

Introduction

Le Sénégal rural ne se limite pas à une simple zone géographique ou à une classification socio-économique ; c'est un univers complexe, marqué par des vestiges du passé, des défis importants, mais également par une dynamique souvent négligée. Au-delà des statistiques et des documents officiels se trouvent des individus, des histoires, des luttes de tous les jours et des types de savoir-faire locaux souvent sous-représentés, mais qui dessinent néanmoins le futur de la nation.

Ce livre a vu le jour grâce à une longue relation avec le terrain. Il ne se positionne pas comme un dispensateur de réponses toutes prêtes, ni de leçons à suivre. Il propose plutôt une lecture attentive, sensible, parfois critique, de ce que vivent les communautés rurales dans leur rapport au développement. Chaque chapitre s'appuie sur des observations concrètes, des expériences partagées, des moments de doute, d'indignation, mais aussi de foi en la capacité des hommes et des femmes à inventer, malgré tout, un chemin.

De Fadam à Dodel, en passant par les vallées, les puits, les postes de santé ou les pistes poussiéreuses des zones pastorales, ces pages racontent une réalité complexe où cohabitent traditions et transformations, pauvreté structurelle et espoir de renouveau. Elles posent aussi une question de fond : comment penser un développement qui parte des besoins réels, respecte les cultures locales, renforce les capacités d'agir et s'inscrive dans la durée ?

Chapitre I

Fadam : un village, une légende, l'esprit de résilience incarné par Ndèye Ndiaye

Nous quittâmes Koki en direction de Fadam, un village dont la renommée avait largement dépassé les limites de sa modeste géographie grâce à l'un de ses fils les plus illustres : feu Mor Fadam, décédé le 18 juin 2019. Ce lutteur légendaire, dont la force et le charisme avaient illuminé les arènes du Sénégal, était devenu une figure emblématique, un symbole de fierté pour son village et pour toute une nation. Sa renommée avait traversé les frontières, portant le nom de Fadam bien au-delà des terres arides et des champs d'arachides qui caractérisent cette localité.

Fadam se situe à environ huit (8) kilomètres au nord-est de Koki, une distance relativement courte, mais qui semblait s'étirer en raison de l'état de la piste sablonneuse qui y menait. Le chemin, sinueux et parsemé de bosses, serpentait à travers un paysage marqué par une nature à la fois austère et généreuse. De chaque côté de la piste, des euphorbes, ces plantes résistantes aux épines acérées, dressaient leurs branches comme pour défier le passage de notre véhicule. Parfois, leurs rameaux effleuraient ou frappaient les vitres, rappelant que la route, bien que fréquentée, restait sauvage et peu domestiquée.

Autour de nous, le paysage dévoilait les traces d'un hivernage qui venait tout juste de s'achever. Les herbes sèches, dorées par le soleil, ondulaient doucement sous la brise, tandis que des tas de paille d'arachide s'entassaient çà et là, attendant d'être dépouillés de leurs précieuses graines.

Ces monticules, soigneusement amoncelés, témoignaient du dur labeur des paysans et de l'abondance des récoltes. Nous étions en novembre, une période charnière dans cette localité du Ndiambour, où la saison des pluies laissait place à celle des récoltes. L'air était encore chargé de l'humidité récente, et la terre, bien que craquelée par endroits, gardait la mémoire des pluies bienfaisantes qui avaient nourri les cultures.

En s'approchant de Fadam, on pouvait sentir l'atmosphère particulière de ce village, imprégnée à la fois de simplicité et de grandeur. La présence de Mor Fadam, bien qu'il ait disparu, planait encore sur les lieux. Son héritage, fait de courage, de détermination et de succès, semblait habiter chaque pierre, chaque arbre, chaque visage croisé sur notre chemin. Fadam, malgré son apparente modestie, était un lieu chargé d'histoire et d'émotion, un village où le passé et le présent se mêlaient harmonieusement, portés par la mémoire d'un homme qui avait su hisser son nom bien au-delà des limites de son terroir.

Plus loin, le paysage s'animait sous l'effort laborieux des femmes, dont les silhouettes se détachaient dans les champs. Le foulard solidement noué sur leur tête, elles s'affairaient à récolter du niébé, une légumineuse robuste et essentielle dans cette région. Le niébé, avec son cycle végétatif court, est l'une des cultures les plus adaptées aux conditions climatiques locales, où la pluviométrie est faible et les sols souvent arides. Ces femmes, courbées sous le soleil, incarnaient la résilience et le savoir-faire agricole transmis de génération en génération. Leurs gestes précis et rapides témoignaient d'une familiarité intime avec la terre, une terre qui, malgré ses caprices, leur offrait de quoi nourrir leurs familles et contribuer à l'économie locale.

Figure 1 : Le village de Fadam, dans la commune de Koki

• Ndèye Ndiaye : le fil d'une résilience au féminin

Après quelques minutes de route, nous arrivâmes enfin à destination. Binta Diop, que notre chauffeur Abdourahmane Diouf appelait affectueusement la Yankee de l'ONG (au Sénégal, traditionnellement, les personnes de grande taille ou de forte corpulence sont ainsi appelées par admiration), et moi franchîmes le seuil de la maison, où nous fûmes accueillis par Ndèye Ndiaye, une femme dont la présence imposante ne passait pas inaperçue. Du haut de ses deux mètres, elle se leva brusquement, comme si son énergie débordante ne pouvait être contenue, et nous salua avec une chaleur qui contrastait avec sa stature impressionnante. Les présentations qui suivirent furent l'occasion de découvrir la structure polynucléaire de la famille, une organisation typique de nombreuses communautés rurales où plusieurs générations cohabitent et partagent les responsabilités quotidiennes. Cette configuration familiale, bien que complexe, semblait fonctionner avec une harmonie remarquable, chaque membre ayant un rôle bien défini au sein du foyer.

Ndèye nous installa dans la véranda, un espace polyvalent qui servait à la fois de salon pour recevoir les invités et d'atelier de couture. Des morceaux de tissu colorés étaient éparpillés sur une table, témoignant de son talent et de son activité artisanale. Sa stature impressionnante me fit immédiatement penser qu'elle aurait pu exceller dans le basket-ball, un sport où sa taille aurait été un atout indéniable. Je me dis que si je l'avais connue plus tôt, je l'aurais certainement encouragée à rejoindre le Dakar Université Club, où elle aurait pu briller et peut-être même devenir une star, comme le furent les Aminata Kane, Mborika Fall et Ndèye Mbodj… Mais Ndèye semblait parfaitement à sa place ici, dans ce village où elle était respectée et appréciée pour son dynamisme et sa générosité.

Sa peau, légèrement dépigmentée, n'avait en rien altéré sa beauté naturelle. Au contraire, elle ajoutait à son charisme, lui donnant une apparence unique et mémorable. Son sourire, large et sincère, révélait des dents marquées par la qualité saumâtre de l'eau, malheureusement utilisée comme eau de boisson par une grande partie de la population locale. Cette réalité, bien que gênante, ne semblait pas entamer sa joie de vivre ni son optimisme. Ndèye Ndiaye incarnait à elle seule la force et la résilience des femmes de cette localité, capables de faire face aux défis quotidiens avec dignité et détermination.

La maison, vaste et typique des constructions villageoises, s'étendait sur plusieurs mètres carrés, reflétant l'architecture traditionnelle de la localité. Ses murs en terre cuite, épais et solides, gardaient la fraîcheur intérieure malgré la chaleur extérieure. Le toit, fait de tôles ondulées, me faisait penser au crépitement de la pluie qui pourrait bercer le sommeil des habitants pendant l'hivernage, ajoutant une mélodie naturelle à leur vie quotidienne. À l'arrière-cour, un espace était réservé aux animaux, un rappel que la vie rurale est intimement liée à la nature et à l'élevage. Un cheval, attaché sous un arbre à l'ombre bienfaisante, broutait tranquillement de la paille d'arachide, un reste des récoltes récentes. L'animal, visiblement fatigué mais apaisé, venait de revenir des champs où il avait sans doute aidé aux travaux agricoles. Un jeune garçon, le visage concentré, s'affairait à lui donner à boire, versant de l'eau dans une bassine rouillée.

Cette scène, simple et pourtant si évocatrice, complétait le tableau d'une vie rurale rythmée par les cycles des saisons et les travaux des champs. Ce jour-là, un vent chaud et sec balayait la région, soulevant la poussière qui obstruait la vue. Les habitants semblaient s'habituer à cette situation. Une femme d'âge mûr, qui était à côté de la cuisine et semblait sensible à notre sort, me dit qu'il fallait amener des masques avec nous ; elle me rappela ainsi que cette période coïncidait avec la saison de l'harmattan. Notre collègue Bineta Diop, une femme à la fois forte et avisée, avait fini de nouer autour de sa tête un foulard aux couleurs vertes avec des rayures bleues, autant pour se protéger des particules volantes que pour préserver une touche de grâce malgré la fureur des éléments. De mon côté, en revanche, j'avais fait l'impasse sur ma casquette, une négligence qui me laissait à la merci de la poussière. Chaque grain qui me fouettait le visage semblait me rappeler, avec une pointe d'amertume, cet oubli regrettable.

De retour à l'intérieur, Ndèye Ndiaye, assise sur un matelas posé à même le sol, commença à répondre à nos questions avec une aisance et une franchise qui captivèrent immédiatement notre attention. Elle nous raconta ses débuts en tant qu'animatrice en leadership, un rôle qui lui avait permis de se faire connaître dans la communauté et de gagner la confiance des villageois. Puis, elle évoqua la création de son atelier de couture, une aventure qu'elle avait entamée avec détermination et peu de moyens. « J'ai commencé avec cinquante mille (50 000) FCFA, obtenus grâce à un crédit de la mutuelle d'épargne et de crédit de l'épicentre[1] de Koki », expliqua-t-elle, les yeux brillants de fierté. Ce premier investissement lui avait permis d'acheter une machine à coudre, l'outil essentiel pour lancer son activité. Par la suite, son oncle, reconnaissant son talent et son engagement, lui avait offert une deuxième machine, un geste qui avait considérablement renforcé sa capacité de production.

Avec ces deux machines, Ndèye Ndiaye s'était engagée à former les jeunes du village, leur offrant une alternative à l'agriculture de subsistance, souvent précaire et exigeante. Quatre d'entre eux étaient déjà qualifiés, et elle ne cachait pas sa fierté d'être la seule femme couturière du village. « Je crée mes propres modèles, et je n'ai rien à envier aux tailleurs réputés de Dakar », déclara-t-elle avec assurance, un sourire fier aux lèvres. Ses créations, bien que conçues dans un

---

[1] L'épicentre est une unité géostratégique mise en place par l'ONG The Hunger Project pour servir de point d'amorce au développement local. Il regroupe entre dix et vingt-cinq villages situés dans un rayon d'environ dix à quinze kilomètres.
Véritable espace de mobilisation communautaire, l'épicentre constitue le lieu où se forge la vision commune du développement, permettant d'identifier et de planifier les actions à mener au niveau de la communauté.

village sans électricité, rivalisaient en qualité et en originalité avec celles des grands ateliers urbains. Elle nous confia même que certaines personnes étaient surprises d'apprendre que ses vêtements étaient le fruit de son travail dans un cadre aussi modeste. Cette réaction, loin de la décourager, la motivait à continuer à innover et à perfectionner son art.

Son atelier, une bâtisse de seize mètres carrés qu'elle venait juste de construire avec ses propres moyens, était devenu bien plus qu'un simple lieu de travail. C'était un espace de formation, d'emploi et d'espoir pour les jeunes du village. Beaucoup d'entre eux, ayant abandonné l'école, avaient trouvé dans cet atelier une alternative à l'émigration, souvent perçue comme la seule issue pour échapper à la pauvreté. Khadim Ndiaye, l'un des tailleurs formés par Ndèye Ndiaye, nous confia que cet atelier était une véritable aubaine pour les villages environnants. « Nous n'avons plus besoin d'aller à Louga ou dans d'autres centres urbains pour nous habiller », dit-il avec gratitude, soulignant l'impact positif de l'initiative de Ndèye Ndiaye sur la communauté.

L'atelier de Ndèye Ndiaye était bien plus qu'un lieu de production de vêtements ; c'était un symbole de résilience, d'innovation et de solidarité. En formant les jeunes et en leur offrant une opportunité de gagner leur vie dignement, Ndèye contribuait à redynamiser l'économie locale et à renforcer les liens communautaires. Son histoire, marquée par la persévérance et la générosité, illustrait parfaitement la capacité des femmes rurales à transformer des défis en opportunités et à devenir des actrices clés du développement de leur communauté.

Cette première réussite ne marquait pourtant pas un aboutissement, mais bien le point de départ d'une ambition plus large. Loin de se reposer sur ses acquis, Ndèye poursuivit son engagement avec la même énergie, animée par le désir profond d'élargir son impact. Quelques années plus tard, lors d'une visite à son domicile conjugal à Mboffel, un village situé à quelques kilomètres seulement de son village natal, Ndèye Ndiaye me révéla une nouvelle étape importante dans son parcours entrepreneurial. Avec une fierté non dissimulée, elle m'apprit qu'elle avait ouvert un deuxième atelier de couture à Ndalla, un autre village de la commune. Cette expansion témoignait de son leadership naturel, de sa persévérance infaillible et de sa capacité à transformer une petite initiative locale en une véritable entreprise en pleine croissance. Son rêve de créer un réseau d'ateliers de couture, capable d'offrir des opportunités à davantage de jeunes et de femmes, était en train de prendre forme.

Cependant, cette réussite ne se faisait pas sans défis. Ndèye Ndiaye nous confia que l'un des obstacles majeurs auxquels elle faisait face était l'approvisionnement en accessoires de couture, tels que les fils, les boutons, les fermetures éclair et autres fournitures essentielles. Pour se procurer ces articles, elle devait effectuer des déplacements réguliers à Touba, une ville située à plusieurs dizaines de kilomètres. Ces voyages, bien que coûteux en temps et en argent, étaient indispensables pour maintenir la qualité de ses créations et répondre à la demande croissante de sa clientèle, essentiellement issue des villages environnants. Malgré cette contrainte, Ndèye Ndiaye parvenait à subvenir aux besoins de sa famille grâce aux revenus générés par son activité, tout en continuant à investir dans son entreprise et à former de nouveaux apprentis.

Dans le monde rural, les femmes comme Ndèye Ndiaye jouent un rôle crucial, souvent méconnu, dans la gestion des ménages et le développement économique local. Leur dévouement, leur résilience et leur capacité à prendre en charge les besoins familiaux sont des réalités incontournables. Elles sont les piliers invisibles de leurs communautés, assumant des responsabilités multiples tout en cherchant à améliorer les conditions de vie de leurs familles. Ndèye Ndiaye incarnait parfaitement cette réalité, alliant avec brio ses rôles d'épouse et d'entrepreneure.

• Koki, un bémol à la réussite de Ndèye Ndiaye

Pourtant, la réussite de Ndèye Ndiaye contrastait fortement avec l'échec d'un autre projet de couture dans la commune : le salon de couture de l'épicentre de Koki. Ce projet, pourtant bien équipé avec des machines à coudre offertes gracieusement par l'ONG The Hunger Project[2], avait souffert du manque d'engagement et de motivation de ses membres. Lors de ma dernière visite à l'épicentre, je m'attendais à être accueilli par le bourdonnement caractéristique d'un lieu dédié au travail et à l'innovation. Au lieu de cela, une quiétude presque irréelle régnait dans l'enceinte, un calme olympien qui contrastait violemment avec l'image que je m'en étais faite. Les murs, jadis emplis d'échanges passionnés, ne renvoyaient plus désormais que l'écho des cris d'oiseaux ayant niché dans les rares arbres du complexe communautaire.

Seul le gardien occupait les lieux, silhouette discrète et résignée, assis sous le margousier qui faisait face à l'entrée du bâtiment. Son regard, empreint d'une lassitude familière, se tourna vers moi pendant que j'approchais. Il se leva avec lenteur, comme si le poids des années passées à veiller sur ces murs lui avait peu à peu alourdi les gestes. Il m'ouvrit d'abord la porte de la salle de conférence, où l'air immobile sentait encore l'encre et la craie. Des papiers Padex, témoins d'un atelier de formation, étaient encore accrochés au tableau noir, leurs feuilles jaunies, légèrement gondolées par

---

[2] The Hunger Project est une organisation non gouvernementale (ONG) internationale dont le siège est établi à New York. Elle a signé un accord de siège avec le gouvernement du Sénégal en 1991. Ses activités ont débuté dans la région de Saint-Louis, avec le village de Mpal, qui abrite le premier épicentre de THP au Sénégal.

l'humidité. Les mots tracés à la hâte, schémas, listes, consignes, semblaient suspendus dans le temps, ultimes vestiges d'une activité depuis évanouie. Puis ce fut le tour de la salle de couture.

Là, les machines immobiles gisaient sous une épaisse couche de poussière, comme autant de reliques d'une époque révolue. Le gardien errait entre elles, effleurant du regard ces géants de métal autrefois symboles de productivité et de créativité. Maintenant, ils semblaient figés dans le temps, témoins muets d'une inactivité prolongée. Leurs cadrans éteints, leurs courroies détendues, tout rappelait l'abandon dans lequel ce projet était tombé.

« C'est dommage… », murmura le gardien d'une voix empreinte de mélancolie, caressant du doigt la surface poussiéreuse d'une machine à coudre. « L'épicentre aurait pu devenir un grand centre de couture. » Ses mots, simples mais chargés d'une profonde désillusion, planaient dans l'air comme un dernier hommage. Il ne parlait pas seulement d'un échec économique, mais du gâchis d'une opportunité unique : celle d'offrir un avenir meilleur à des dizaines, voire des centaines de personnes.

Dans cette phrase se cachait tout le paradoxe de l'endroit : un lieu conçu pour être un creuset d'idées et d'emplois, réduit à l'état de coquille vide. L'amertume du gardien n'était que le reflet d'une réalité plus cruelle : celle d'un potentiel sacrifié, de rêves réduits en poussière avant même d'avoir pu prendre forme. Et tandis que je quittais les lieux, le silence semblait s'épaissir derrière moi, comme pour sceller définitivement le sort de ce qui aurait dû être un phare de création et d'espoir.

L'échec de ce projet met en évidence les défis structurels auxquels sont confrontées les initiatives communautaires dans certains contextes ruraux. En effet, ces milieux souffrent souvent d'un manque de vocation collective, c'està-dire d'une vision partagée et d'une volonté commune de s'investir dans des actions de développement. Contrairement aux zones urbaines, où la densité de la population et la diversité des compétences favorisent l'émergence de projets, le monde rural fait souvent face à des défis structurels qui entravent son dynamisme. L'éparpillement géographique et l'exode des forces vives y nourrissent une certaine inertie, rendant difficile la concrétisation d'initiatives locales. En plus de ces obstacles, des divisions internes viennent éroder davantage les dynamiques collectives. Les conflits entre villages ou groupes sociaux, généralement basés sur des récits historiques anciens ou des distinctions identitaires, nourrissent la suspicion et freinent la collaboration. Ces frictions sont parfois intensifiées par des intérêts spécifiques ou des conflits d'intérêts, surtout lorsque des dirigeants locaux tentent de préserver leur statut ou d'acquérir des ressources. Par ailleurs, ces divisions internes sont souvent manipulées par des intervenants externes, en particulier politiques, qui tirent parti des fractures existantes pour leurs objectifs de campagne électorale ou d'influence locale, rendant ainsi plus difficile la quête de solutions consensuelles. Ce morcellement, couplé à un accès inégal aux ressources, sape la cohésion nécessaire à toute mobilisation pérenne, condamnant bien des projets à l'essoufflement précoce.

De plus, l'absence de professionnalisme parmi les acteurs locaux constitue un frein majeur. Beaucoup de projets échouent par manque de gestion rigoureuse, de compétences techniques ou de suivi efficace. Les porteurs d'initiatives, bien que motivés, ne disposent pas toujours des outils nécessaires pour élaborer des stratégies pérennes, ce qui rend les actions fragiles et dépendantes de soutiens externes.

Enfin, le manque d'engagement durable des participants limite la viabilité des projets. Certaines personnes s'impliquent de manière intermittente, par intérêt personnel ou sous la pression sociale, mais ne s'investissent pas sur le long terme. Cette instabilité compromet la continuité des actions, même lorsque celles-ci sont bien conçues au départ.

Ainsi, pour que les projets communautaires ruraux réussissent, il est essentiel de renforcer les capacités locales, de favoriser une véritable culture du travail collectif et de s'appuyer sur des leaders engagés et formés. Sans ces éléments, même les initiatives les plus prometteuses risquent de rester lettre morte.

Contrairement à Ndèye Ndiaye, qui avait su s'approprier son projet avec passion et détermination, les membres du salon de couture de l'épicentre semblaient manquer de cette étincelle nécessaire pour faire vivre l'initiative. Cet exemple illustre l'importance cruciale d'impliquer les bénéficiaires dès la conception des projets, de s'assurer de leur adhésion et de leur engagement, et de les accompagner dans la mise en œuvre pour garantir leur succès.

L'histoire de Ndèye Ndiaye et l'échec du salon de couture de l'épicentre de Koki offrent deux visages contrastés du développement rural. D'un côté, une femme déterminée, portée par sa vision et son travail acharné, parvient à créer une entreprise en pleine expansion et à impacter positivement sa communauté. De l'autre, un projet bien intentionné, mais mal exécuté, faute d'engagement et de professionnalisme, sombra dans l'inactivité. Ces deux récits soulignent l'importance de l'appropriation locale, de la motivation des acteurs et de l'accompagnement continu pour assurer la réussite des initiatives de développement. Ndèye Ndiaye, par son exemple, montre que même dans des conditions difficiles, il est possible de réussir lorsque la passion et la persévérance sont au rendez-vous. Son leadership, forgé par des formations et une volonté inébranlable, est une preuve vivante que le changement commence par des individus déterminés, prêts à se former, à s'engager et à agir. Elle incarne une forme de leadership authentique, fondé sur l'empathie, la générosité et une volonté inébranlable de servir les autres. Son histoire est un appel à l'action pour tous ceux qui aspirent à faire la différence, montrant que la détermination et l'initiative personnelle sont des forces puissantes, capables de transformer des vies et de redéfinir des destins.

Chapitre II

L'eau, un défi vital pour les communautés rurales du Sénégal

• En route vers Dahra Djolof

Tôt ce matin-là, le chauffeur Ibrahima Sow vint me chercher à la maison. Comme à mon habitude, je m'étais vêtu de ma tenue de mission : une casquette, un tee-shirt à l'effigie de l'ONG et des chaussures de randonnée robustes, qu'un ami américain m'avait recommandées, idéales pour les longues heures de déplacement en zone rurale. Elle était devenue une sorte d'uniforme pour moi, à la fois pratique et symbolique, me préparant mentalement aux défis des missions sur le terrain.

Notre destination était Dahra Djolof, une localité nichée dans la région de Louga, connue pour son marché hebdomadaire, véritable poumon économique du département de Linguère et au-delà, d'une partie significative de la zone sylvopastorale. Ce marché, en particulier celui du bétail, attire chaque semaine des commerçants et des éleveurs venus de toute la région, et même au-delà. L'effervescence qui y règne témoigne de l'importance du commerce pour les habitants.

Je montai à bord du pick-up bleu flambant neuf que l'ONG venait récemment d'acquérir. Sa carrosserie luisante contrastait avec les paysages poussiéreux que nous traverserions bientôt. Après quelques minutes sur la route, le moteur ronronnant nous accompagnant, nous décidâmes de faire une halte à Thiès, une étape stratégique pour reprendre des forces avant d'attaquer la longue traversée.

Nous nous arrêtâmes dans une station-service[3] où l'animation matinale battait déjà son plein. Tandis qu'Ibrahima Sow, notre chauffeur, s'occupait de remplir le réservoir et d'acheter du pain, je commandai un café noir brûlant pour me réveiller pleinement. J'en profitai également pour acheter quelques bouteilles d'eau, anticipant la chaleur accablante qui ne manquerait pas de s'abattre sur nous plus tard dans la journée.

Alors que je m'installais confortablement dans la voiture, un groupe de talibés, ces jeunes garçons souvent livrés à eux-mêmes, s'approcha de moi. Leurs visages étaient marqués par une innocence troublante et une résignation silencieuse. Ils étaient vêtus de haillons, leurs pieds nus soulevant des nuages de poussière à chaque pas. L'un d'eux, le plus courageux sans doute, s'avança pour solliciter une aumône.

Touché par leur condition, je leur tendis le pain que je venais d'acheter, leur offrant un sourire chaleureux en espérant illuminer un instant leur journée. Leurs remerciements timides réchauffèrent mon cœur, mais leur état me laissa pensif. Ces enfants, âgés de sept ou huit ans tout au plus, représentaient une facette sombre de notre société, celle où l'éducation et l'épanouissement d'un enfant sont parfois sacrifiés sur l'autel de traditions mal comprises.

Cherchant à mieux comprendre leur quotidien et, peut-être, à les encourager dans leur apprentissage, je leur demandai de réciter un verset du Coran. Ils s'exécutèrent sans hésitation, leurs voix s'élevant en un chœur mélodieux

---

[3] Une station-service est un établissement où sont vendus du carburant et divers produits destinés aux véhicules. Elle peut également offrir des services complémentaires tels que le lavage, la vidange ou la restauration rapide.

qui traduisait une maîtrise certaine de leurs leçons coraniques. Cela me rassura quelque peu, car au-delà de leur condition matérielle précaire, ils semblaient recevoir une éducation religieuse solide.

Après m'avoir remercié encore une fois, ils tournèrent les talons et s'éloignèrent, leurs petites silhouettes disparaissant lentement dans le paysage brumeux. Je les regardai s'éloigner, partagé entre l'admiration pour leur résilience et une profonde réflexion sur les responsabilités collectives de notre société envers ces enfants. Leur sort restait un rappel poignant des défis que nous avions à relever pour bâtir un avenir meilleur pour tous.

Lorsque Ibrahima Sow revint, le pain sous le bras, nous reprîmes la route. Le moteur rugit à nouveau et bientôt, la ville de Thiès disparut dans le rétroviseur, laissant place aux vastes étendues qui nous mèneraient à Dahra Djolof.

Nous reprîmes la route, cette fois en empruntant l'autoroute à péage. Ce choix s'imposa comme une évidence pour gagner du temps et éviter les aléas des routes secondaires souvent encombrées. Il n'y a pas si longtemps, se rendre dans cette localité relevait presque de l'épreuve : des trajets interminables, des tronçons cahoteux, des embouteillages imprévisibles et parfois des pannes dues à la fatigue des véhicules. L'ouverture de l'autoroute a profondément changé la donne, rendant le voyage plus sûr, plus rapide et beaucoup moins éprouvant. Le paysage défila à une vitesse régulière, mélangeant les étendues arides et les villages clairsemés qui se succédaient comme des étapes d'un récit invisible. La voiture semblait flotter sur le bitume, sa mécanique parfaitement huilée rendant le trajet d'autant plus agréable.

Après deux heures et trente-cinq minutes de trajet, ponctuées par quelques échanges légers avec M. Sow sur les prochaines étapes de notre mission, nous aperçûmes enfin les contours de Dahra Djolof. Ce petit bourg, niché au cœur de la région de Louga, est bien plus qu'une simple localité : il est un véritable carrefour d'échanges et un symbole vivant de l'économie pastorale du Sénégal.

Dahra Djolof doit sa renommée à son marché hebdomadaire, véritable institution dans la sous-région. Chaque semaine, ce marché se transforme en un lieu d'effervescence où les commerçants, les éleveurs et les acheteurs convergent dans une ambiance animée. Parmi les activités phares, le commerce du bétail occupe une place centrale. Cette activité économique majeure tire ses racines de la culture peule, omniprésente à Dahra Djolof et dans les villages environnants. Les Peuls, réputés pour leur mode de vie pastoral, dominent démographiquement le département de Linguère où se trouve la commune de Dahra Djolof. L'élevage y est bien plus qu'un moyen de subsistance : c'est une identité culturelle, une fierté transmise de génération en génération. En arpentant les rues de Dahra, on sent cette connexion profonde entre les habitants et leur environnement, entre les familles et leur cheptel, symbole de richesse et de statut social.

- **Une visite à l'épicentre : engagement et rigueur pour un avenir durable**

À notre arrivée, le soleil était au zénith, projetant une lumière dorée sur les toits des terrasses des modestes bâtiments du bourg. Une brise légère, chargée de poussière et des effluves caractéristiques du bétail, nous accueillit. Devant l'épicentre, ce lieu qui sert de hub pour les activités communautaires et les réunions stratégiques, nous aperçûmes Ahmed Ka et les autres membres de l'équipe, déjà présents et visiblement prêts à démarrer la rencontre.

Je fus immédiatement impressionné par leur ponctualité, une qualité que je considérais essentielle pour assurer le bon déroulement de nos missions. Ahmed Ka, grand et imposant, s'avança pour me saluer chaleureusement. Son sourire sincère reflétait à la fois son enthousiasme et son sérieux. Alors que je serrais les mains et échangeais des salutations, je ne pouvais m'empêcher de ressentir une certaine fierté à l'idée de travailler aux côtés de personnes aussi dévouées. Les autres membres de l'épicentre se joignirent à lui et, bientôt, nous formâmes un petit cercle convivial dans la salle de conférence, échangeant quelques mots sur le programme du jour.

Cette ponctualité, cet engagement visible sur leurs visages et dans leurs gestes, témoignaient de l'importance qu'ils accordaient à notre collaboration. Chaque minute comptait, et cette attitude collective donnait le ton pour le reste de la journée. Je visitai l'unité laitière avec ses équipements flambant neufs en compagnie de Bossé Kâ, qui faisait office de gérante. Elle m'expliqua en détail le mode d'approvisionnement en lait et les différentes étapes de transformation, depuis la collecte jusqu'à la production des produits finis. Son expertise et sa passion pour le travail étaient évidentes, et elle insista sur l'importance de la qualité du lait et des normes d'hygiène pour garantir des produits sains et compétitifs sur le marché. Ce qui m'a marqué chez elle, au-delà de ses compétences techniques, c'était l'attention qu'elle portait à la rigueur du processus. Pour elle, la qualité du lait n'était pas une simple exigence réglementaire, mais une responsabilité morale envers les consommateurs. Elle insistait avec conviction sur l'importance des normes d'hygiène, allant jusqu'à évoquer les formations régulières du personnel et les protocoles stricts de nettoyage.

À ma sortie, je confiai à Ahmed Kâ : « Compte tenu de tous les investissements que The Hunger Project vient de faire au niveau de l'épicentre, vous n'avez pas le droit d'échouer dans votre mission. » J'ajoutai que les panneaux solaires installés représentaient un atout majeur, car ils permettaient aux gérants de l'unité d'économiser une somme non négligeable sur la facture énergétique. Ces économies pourraient être réinvesties dans l'amélioration des infrastructures ou dans des formations pour les employés, renforçant ainsi la durabilité et l'efficacité du projet. Je soulignai également que cette initiative était un exemple concret de la manière dont les énergies renouvelables pouvaient soutenir le développement économique local tout en réduisant l'impact environnemental.

- **Les citernes d'eau de pluie de Ndouli Ndalla et de Ndouli Loumbicoré**

Après la rencontre, nous prîmes la route en direction du village de Ndouli Ndalla, un petit village niché au cœur des vastes plaines arides de la localité. Ce village, essentiellement peuplé de Peuls, semblait figé dans le temps, avec ses cases en paille et ses enclos rudimentaires où quelques animaux paissaient paisiblement. Le trajet, bien que court, nous permit d'admirer la beauté brute du paysage : un mélange de savane clairsemée, d'arbres épineux et d'étendues de terre jaune pâle à dorée.

À notre arrivée, nous fûmes accueillis avec une chaleur propre à cette communauté, où le pullagu (l'hospitalité en pular) est une valeur profondément enracinée. Le chef du village, un homme à l'allure sage et respectueuse, s'avança pour nous saluer. Ses mains calleuses et son visage marqué par le soleil témoignaient de nombreuses années de labeur. Après quelques échanges de politesse, il nous conduisit vers un hangar de fortune, une structure simple, mais fonctionnelle, faite de palissades et de branchages entrelacés. L'ombre qu'elle procurait offrait un refuge bienvenu contre le soleil écrasant.

Ahmed Ka et moi nous installâmes sur une natte tissée, soigneusement disposée à même le sol. Tandis que nous attendions le début de la rencontre prévue avec les habitants, je pris le temps d'observer les environs. Les villageois allaient et venaient, occupés à leurs tâches quotidiennes. Les enfants, curieux et rieurs, jetaient de furtifs coups d'œil dans notre direction avant de s'enfuir en riant, comme s'ils jouaient à un jeu secret.

C'est alors que le fils du chef du village, un jeune homme nommé Aléle Samba Gadél Kâ, s'approcha de moi avec un sourire éclatant. Il semblait à la fois fier et enthousiaste de partager les initiatives de son village. « Venez, je vais vous montrer quelque chose », me dit-il en m'invitant à le suivre.

Il me conduisit à une petite pépinière située à quelques mètres du hangar. Ce champ, soigneusement délimité par une clôture solide pour protéger les jeunes plants des animaux en divagation, était un véritable havre de verdure au milieu de l'aridité ambiante. « Nous avons commencé ce projet il y a quelques mois », m'expliqua Aléle Samba Gadél Kâ avec fierté. « Malgré les conditions climatiques difficiles, nous voulons développer le maraîchage ici. Cela nous aidera à diversifier nos ressources. »

Je m'approchai pour observer les plantes, qui semblaient robustes et en bonne santé malgré le sol pauvre et les techniques rudimentaires d'arrosage, réalisées à partir d'un petit arrosoir en plastique. Cette pépinière, bien que modeste, était un symbole puissant de résilience et de volonté collective.

À quelques mètres de là, mon regard fut attiré par une calebasse posée près d'un arbuste, contenant du lait. Intrigué, je me tournai vers Aléle Samba Gadél Kâ pour en savoir plus. « Pourquoi versez-vous du lait ici ? » lui demandai-je, pensant à un rituel ou une offrande.

Aléle Samba Gadél Kâ éclata de rire avant de répondre, son ton à la fois moqueur et amusé : « Non, ce n'est rien de spirituel. Nous produisons tellement de lait, malgré le départ d'une partie du troupeau vers le ranch de Dolly[4] où il doit passer le reste de la saison sèche, que nous ne savons plus quoi en faire. Nous en vendons autant que possible, mais il nous en reste toujours. Alors, nous avons trouvé une autre utilité : nous le donnons aux chèvres pour qu'elles s'abreuvent. »

Cette réponse me surprit, mais elle était révélatrice de l'abondance de la production laitière dans ce village en ce mois de décembre. Elle témoignait également des défis économiques auxquels ces éleveurs faisaient face, où l'excédent de production devenait une contrainte, faute d'un marché suffisant ou d'un moyen de conservation.

Aléle Samba Gadél Kâ conclut avec un rire communicatif, et je me joignis à lui, partageant ce petit moment de détente. Malgré les défis qui pesaient sur leur quotidien, cette communauté faisait preuve d'un optimisme contagieux et d'une capacité admirable à s'adapter et à trouver des solutions, aussi pragmatiques qu'inhabituelles.

---

[4] Le Ranch de Dolly est une réserve pastorale publique créée à la fin des années 1960 au Sénégal. S'étendant sur environ 87 500 hectares dans le département de Linguére, région de Louga, il a été conçu pour soutenir l'élevage et la gestion des ressources pastorales, notamment en période de sécheresse. Inauguré en 1969, il a connu plusieurs réorganisations et programmes de réhabilitation. Il porte désormais le nom de Feu Djibo Leyti Ka, en hommage à l'ancien ministre qui en fut un ardent défenseur.

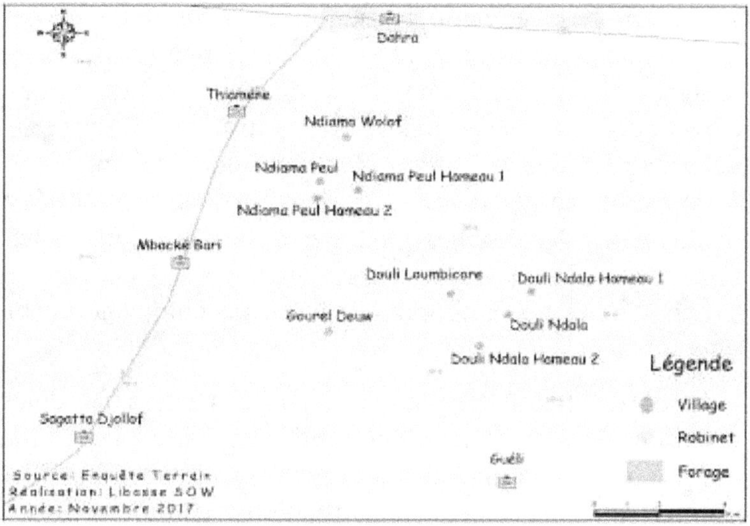

Figure 2 : cartographie des sites et des points d'eau autour de Ndouli Loumbicore

- **Sous le hangar : résilience et engagement d'une communauté rurale**

De retour sous le hangar, le chef du village, avec une autorité douce, mais ferme, fit un signe à un jeune garçon qui jouait non loin de là. Sans un mot, l'enfant, pieds nus et vêtu d'une culotte et d'un maillot de l'équipe nationale du Sénégal floqué du nom de Sadio Mané, accourut. Le chef lui murmura quelques instructions, et le garçon, après avoir hoché la tête avec sérieux, s'éclipsa rapidement pour aller prévenir les autres villageois.

Pendant ce temps, Ahmed Ka, qui connaissait bien les coutumes de ces communautés rurales, s'installa confortablement sur la natte. Je décidai de lui laisser l'honneur d'introduire la discussion. Sa voix, posée et rassurante, résonna sous le hangar tandis qu'il exposait les raisons de notre visite. Il présenta les objectifs de notre programme, en insistant sur les bénéfices que le village pourrait tirer de cette collaboration. Peu à peu, les habitants commencèrent à affluer, répondant à l'appel du chef de village. Les femmes furent les premières à arriver, portant souvent des enfants sur le dos. Elles s'installèrent en cercle, leurs pagnes colorés créant une mosaïque vivante sous l'ombre du hangar. Certaines étaient encore essoufflées, visiblement interrompues en plein milieu de leurs tâches domestiques. Leurs visages exprimaient à la fois curiosité et sérieux, signes de l'importance qu'elles accordaient à cette rencontre.

Le fils du chef, Aléle Samba Gadél Kâ, s'assit à mes côtés et, d'un ton complice, entreprit de m'expliquer la composition du groupe. « Vous voyez, ici, ce sont surtout les femmes qui participent aux réunions comme celle-ci. Beaucoup d'hommes sont absents. Certains sont partis avec les troupeaux à la recherche de pâturages, d'autres sont à Dakar où ils mènent des activités de commerce. »

Je levai un sourcil, intrigué, et il continua, anticipant ma question. « Pendant la saison sèche, c'est une pratique courante. Les hommes doivent parcourir de longues distances avec le bétail pour trouver des zones encore verdoyantes où les animaux peuvent se nourrir. Parfois, ils partent pendant des semaines, voire des mois. C'est une nécessité, car ici, tout dépend de nos troupeaux. »

Cette explication jetait une lumière nouvelle sur l'organisation sociale du village. Les femmes, en l'absence des hommes, endossaient non seulement la gestion du foyer, mais aussi une part importante des responsabilités communautaires. Leur rôle, souvent sous-estimé ailleurs, était ici d'une importance capitale.

Je reportai mon attention sur le groupe, désormais bien étoffé. Les enfants, curieux, mais discrets, s'agglutinaient à l'arrière, observant silencieusement. Quelques hommes, sans doute des aînés ou des jeunes restés pour d'autres tâches, étaient également présents, mais ils se faisaient rares. Une vieille femme, assise près du chef, semblait incarner la sagesse du village. Elle écoutait attentivement, ses mains noueuses reposant sur ses genoux, prête à intervenir au moment opportun.

Sous le hangar, le murmure des discussions s'apaisa peu à peu, signe que l'attention générale se tournait vers Ahmed Ka, qui poursuivait son discours. Je remarquai alors une véritable dynamique à l'œuvre : bien que modestes dans leurs moyens, ces villageois faisaient preuve d'une grande organisation et d'un respect marqué pour la parole et le dialogue.

L'atmosphère, empreinte de gravité et de collaboration, me frappa. Ce n'était pas seulement une réunion : c'était une démonstration vivante de résilience collective, d'une communauté unie face aux défis de leur environnement.

• Le poids de l'eau

La question de l'eau domina les échanges, révélant à quel point cette ressource vitale est au cœur des préoccupations des habitants de Ndouli Ndalla. Une citerne de 15 m^3, destinée à la récupération des eaux de pluie, venait d'être construite par The Hunger Project (THP) en collaboration avec la FAO. Cette infrastructure, bien que modeste, représentait une lueur d'espoir pour le village. Les premiers essais de remplissage avaient été concluants, attestant de l'opérationnalité de la citerne et de son potentiel pour améliorer les conditions de vie des villageois.

Assis sur une natte de prière, le chef du village prit la parole pour nous raconter les difficultés que la communauté avait traversées avant l'arrivée de cette citerne. D'une voix calme, mais empreinte d'émotion, il expliqua : « Le village de Ndouli Ndalla a presque un siècle d'existence. Il est habité par une même famille, ce qui favorise la cohésion sociale et l'entraide entre les habitants. Mais depuis des décennies, nous avons toujours eu des problèmes d'eau. Avant, nous buvions l'eau des mares et des puits traditionnels. Ces sources, autrefois fiables, ne sont plus fonctionnelles aujourd'hui. Avec l'augmentation de la population et l'arrivée de personnes extérieures qui jettent des déchets et des carcasses d'animaux dans les mares, nous avons dû cesser de les utiliser. L'eau est devenue impropre à la consommation, et les risques de maladies ont augmenté. »

Il poursuivit en détaillant les solutions temporaires que le village avait dû adopter : « Aujourd'hui, nous nous approvisionnons au forage de Gueli, situé à 6 kilomètres d'ici. Chaque jour, des femmes et des enfants parcourent cette distance à bord de charrettes tirées par des ânes pour aller chercher de l'eau. » C'est une tâche épuisante, surtout pendant la saison sèche, lorsque les températures sont élevées et que les besoins en eau sont encore plus importants. Parfois, les files d'attente aux forages sont si longues qu'il faut patienter des heures, voire une journée entière, avant de pouvoir remplir ses bidons. Pour les femmes et les enfants, souvent chargés de cette tâche, ces attentes interminables représentent une perte de temps considérable, les empêchant de se consacrer à d'autres activités essentielles, comme l'éducation ou le travail domestique.

Cette situation déjà difficile est encore compliquée par la présence des éleveurs transhumants. Ces derniers, qui parcourent de longues distances avec leurs troupeaux à la recherche de pâturages et de points d'eau, s'arrêtent souvent aux mêmes forages que les villageois. Leurs animaux, nombreux et assoiffés, nécessitent de grandes quantités d'eau, ce qui allonge considérablement le temps d'attente pour les habitants. « Quand les transhumants arrivent, c'est encore pire, explique un jeune homme du village. Ils remplissent des dizaines de bidons pour leurs bêtes, et nous devons attendre encore plus longtemps pour obtenir ne serait-ce qu'un seul récipient. »

Cette cohabitation entre les villageois et les transhumants, bien que parfois source de tensions, est aussi le reflet d'une réalité plus large : la rareté des ressources en eau dans la localité. Les forages, souvent insuffisants en nombre et en capacité, peinent à répondre aux besoins croissants des populations et des animaux. Les périodes de sécheresse, de plus en plus fréquentes en raison des changements climatiques, exacerbent encore cette situation, rendant chaque goutte d'eau encore plus précieuse.

Le chef du village souligna également les conséquences de cette pénurie d'eau sur la vie quotidienne et les activités économiques du village. « L'eau est essentielle pour tout : boire, cuisiner, se laver, mais aussi pour l'agriculture et l'élevage. Sans eau, nos récoltes sont maigres, et nos bêtes souffrent. Beaucoup de jeunes ont quitté le village pour chercher du travail en ville, car ici, sans eau, il est difficile de survivre. »

La construction de la citerne représentait donc une avancée majeure pour la communauté. « Cette citerne nous donne de l'espoir », déclara-t-il avec un sourire reconnaissant. « Elle nous permettra de stocker l'eau de pluie pendant la saison humide et de l'utiliser pendant les mois secs. C'est une solution durable qui va changer beaucoup de choses pour nous. Les femmes et les enfants n'auront plus à marcher des kilomètres chaque jour, et nous pourrons enfin cultiver nos champs et prendre soin de notre bétail sans craindre la sécheresse. »

Cependant, le chef du village insista sur le fait que la citerne n'était qu'une première étape. « Nous avons encore besoin de soutien pour améliorer notre accès à l'eau. Il nous faut des forages supplémentaires, voire des adductions d'eau jusque dans le village, des systèmes d'irrigation pour nos cultures, et des formations pour gérer ces ressources de manière durable. Mais aujourd'hui, grâce à cette citerne, nous sentons que nous avançons dans la bonne direction. »

Cette discussion m'a permis de comprendre à quel point l'eau est un enjeu crucial pour les communautés rurales comme Ndouli Ndalla. Au-delà de son aspect vital, l'eau est aussi un vecteur de développement économique et social. La citerne, bien que modeste, symbolise l'espoir d'un avenir meilleur pour ce village, où l'eau ne sera plus une source de souffrance, mais une ressource accessible et bien gérée.

Figure 3 : Point d'eau dans la commune de Thiamene Dolof

• L'école en milieu de transhumance un défi perdu ?

Sur le chemin du retour, nous fîmes une halte à Ndouli Loumbicore, un village qui, à première vue, semblait paisible, mais dont les défis cachés se révélèrent rapidement au cours de notre brève visite. À l'entrée du village, un bâtiment se distinguait nettement par son architecture moderne, contrastant vivement avec les cases traditionnelles couvertes de chaume qui l'entouraient. Cette construction, bien que modeste, détonnait dans le paysage rural et attira immédiatement notre attention. Une femme du village, vêtue d'un boubou coloré, s'approcha de nous et nous informa que ce bâtiment était l'unique salle de classe du village. Malheureusement, elle était fermée depuis plusieurs mois, faute d'effectifs suffisants. « Les enfants sont partis avec leurs parents à la recherche de pâturages », expliqua-t-elle avec une pointe de tristesse dans la voix. Cette simple phrase résumait à elle seule l'un des défis majeurs auxquels font face les communautés pastorales : l'impact de la transhumance sur l'éducation des enfants.

En effet, dans cette région où l'élevage est l'une des principales activités économiques, les familles sont souvent contraintes de se déplacer avec leurs troupeaux pendant la saison sèche, à la recherche de points d'eau et de pâturages. Ces déplacements, bien que nécessaires pour la survie du bétail, ont des conséquences dramatiques sur la scolarisation des enfants. « Beaucoup d'enfants ne vont plus à l'école parce qu'ils doivent accompagner leurs parents pendant la transhumance », ajouta la femme. Cette situation crée un cercle vicieux : privés d'éducation, ces enfants risquent de reproduire le même mode de vie que leurs parents, perpétuant ainsi les difficultés économiques et sociales du village.

• Le puits inachevé et les promesses perdues

À quelques mètres de l'école, un autre symbole des défis du village attira notre attention : un puits inachevé, entouré d'épines pour éviter les accidents. Le fils du chef du village, un jeune homme d'une vingtaine d'années, nous rejoignit et, avec un ton empreint d'amertume, nous raconta l'histoire derrière ce projet abandonné. « Pour financer les travaux de forage de ce puits, mon père a dû vendre quelques bœufs. C'était un sacrifice énorme pour notre famille, mais nous espérions que ce puits changerait la vie du village. Malheureusement, les responsables du projet ont disparu après avoir reçu l'argent, sans avoir terminé les travaux. Aujourd'hui, nous n'avons plus les moyens de poursuivre le chantier, et le forage du puits reste inachevé. »

Cette histoire met en lumière l'importance cruciale de l'éthique et de la transparence dans les interventions en milieu rural. Elle rappelle combien il est essentiel que les entrepreneurs agissent avec intégrité et considération envers les communautés locales, souvent vulnérables et insuffisamment informées. Lorsque les engagements sont tenus et les relations fondées sur la confiance, cela peut ouvrir la voie à des partenariats durables et bénéfiques pour tous. Le forage du puits inachevé de Ndouli Loumbicore est un rappel poignant des obstacles auxquels ces villages font face, malgré leur volonté de progresser et d'améliorer leurs conditions de vie.

Le jeune homme ajouta que le manque d'eau potable avait des répercussions sur tous les aspects de la vie quotidienne. « Sans eau, nous ne pouvons pas cultiver nos champs, nos bêtes souffrent, et les femmes doivent parcourir des kilomètres pour aller chercher de l'eau au forage le plus proche. C'est une situation très difficile pour tout le monde. » Cette pénurie d'eau affecte non seulement la santé et le bien-être des habitants, mais aussi leur capacité à développer des activités économiques durables.

Malgré ces défis, le jeune homme gardait une lueur d'espoir. « Nous espérons que des organisations ou des partenaires viendront nous aider à terminer le forage de ce puits. Nous avons besoin de soutien pour achever ce projet et pour former des comités locaux qui pourront gérer les ressources en eau de manière transparente et efficace. » Cette demande reflète une prise de conscience croissante dans les communautés rurales de l'importance de la gouvernance locale et de la participation communautaire dans les projets de développement.

• La citerne de l'espoir

La construction de la citerne pour la récupération des eaux de pluie représentait une lueur d'espoir pour le village, bien qu'elle ne puisse résoudre qu'en partie les problèmes d'accès à l'eau. Cette infrastructure, bien que modeste, offrait une alternative précieuse aux sources d'eau traditionnelles, souvent insuffisantes ou contaminées. Pour les femmes du village, en particulier, cette citerne était une opportunité de transformer leur quotidien. Elles envisageaient déjà d'utiliser cette eau pour l'arrosage d'un périmètre maraîcher qu'elles avaient mis en place avec beaucoup de détermination et de travail collectif. Ce jardin, bien qu'encore petit, était une véritable oasis dans un environnement aride, où la végétation naturelle se résumait à quelques arbustes épineux résistant tant bien que mal à la sécheresse. Entre les palissades tressées d'herbes et de branches entrelacées qui le protégeaient des vents brûlants, cet espace devenait bien plus qu'un simple jardin : un refuge, un symbole d'espoir, prouvant que même dans les conditions les plus hostiles, la vie pouvait s'épanouir avec persévérance.

Lors d'une visite guidée, j'eus l'occasion d'apprécier les efforts considérables déployés par ces femmes pour cultiver ce lopin de terre. Le jardin, soigneusement entretenu, contrastait vivement avec le paysage environnant, sec et poussiéreux. Des rangées de légumes et de plantes aromatiques s'étendaient sur une petite surface, témoignant de la volonté des femmes de subvenir aux besoins de leurs familles et de générer un revenu supplémentaire. « Ce jardin est notre fierté », me confia l'une d'elles, les mains encore poussiéreuses après une matinée de travail. « Grâce à lui, nous pouvons nourrir nos enfants et vendre le surplus au marché. Mais sans eau, tout cela serait impossible. »

• Les femmes et la corvée d'eau

Alors que nous discutions, trois femmes arrivèrent à bord d'une charrette tirée par un âne, transportant des fûts d'eau. Leur visage était marqué par la fatigue, mais aussi par une détermination sans faille. L'une d'elles, portant une bague en argent à l'orteil droit, s'approcha de moi avec curiosité. Après un échange de salutations, elle me demanda à quel sous-groupe peul j'appartenais. « Je suis Wodaabe », répondis-je, ce qui sembla la satisfaire et créer une complicité immédiate entre nous. Elle me confia alors, avec un mélange de résignation et de fierté, qu'elles avaient passé trois heures au point d'eau avant de pouvoir remplir leurs fûts et rentrer au village. « Chaque jour, c'est la même chose », dit-elle en ajustant son foulard. « Nous partons tôt le matin, parfois avant le lever du soleil, et nous devons attendre notre tour pendant des heures. Pendant ce temps, les enfants ne sont pas surveillés, et les travaux domestiques s'accumulent. »

Cette situation illustre un problème récurrent dans de nombreuses zones rurales : les longues files d'attente aux points d'eau, surtout pendant la saison sèche, sont une réalité quotidienne pour ces populations. Les forages, souvent vétustes et mal entretenus, ne parviennent pas à répondre à la demande croissante. Le faible débit de ces installations, combiné à l'afflux de personnes et de bétail venant des villages environnants, aggrave encore la situation. Mais ce n'est pas le seul défi : même lorsque l'eau devient accessible, sa qualité n'est pas systématiquement garantie, ce qui peut en limiter l'usage ou nécessiter des traitements supplémentaires.

Malgré ces difficultés, la citerne de récupération des eaux de pluie offrait une lueur d'espoir. « Avec cette citerne, nous espérons réduire le temps passé à chercher de l'eau et avoir une source plus fiable pour notre jardin », expliqua la femme à la bague en argent. « Si nous pouvons stocker suffisamment d'eau pendant la saison des pluies, nous pourrons l'utiliser pendant les mois secs et continuer à cultiver nos légumes. » Cette initiative, bien que modeste, avait le potentiel de transformer la vie des femmes du village, en leur offrant une plus grande autonomie et en améliorant la sécurité alimentaire de leurs familles.

Cependant, la citerne ne suffira pas à elle seule à résoudre tous les problèmes d'accès à l'eau. Pour que ces efforts portent leurs fruits, il est essentiel de renforcer les infrastructures existantes, de réhabiliter les forages vétustes et de mettre en place des systèmes de gestion communautaire de l'eau. « Nous avons besoin de soutien pour aller plus loin », insista la femme. « Nous avons les idées et la volonté, mais sans moyens, nous ne pouvons pas tout faire seules. »

Cette visite à Ndouli Loumbicore m'a profondément marqué. Elle a été une expérience à la fois édifiante et émouvante, mettant en lumière la résilience et la détermination des habitants, en particulier des femmes du village, qui font face à des défis complexes avec une force remarquable. Leur capacité à transformer un petit jardin en une source de nourriture et d'espoir est une véritable leçon d'ingéniosité et de courage.

• L'eau, une question de développement durable

Cependant, cette visite a aussi souligné l'urgence d'agir pour améliorer les conditions de vie dans ces zones rurales. L'école fermée et le forage du puits inachevé sont des symboles des obstacles persistants, mais ils représentent également des opportunités pour des interventions ciblées et durables. Sans accès à l'eau, il ne peut y avoir de développement durable, et sans développement, ces communautés continueront de lutter pour leur survie. La citerne est un premier pas essentiel, mais il en faudra beaucoup d'autres pour garantir un avenir meilleur à ces populations.

La question de la gestion des ressources en eau est particulièrement critique. Il est essentiel d'identifier qui a intérêt à gérer ces ressources et de s'assurer qu'ils disposent des moyens nécessaires pour les préserver. L'eau, bien que renouvelable, n'est pas une ressource inépuisable, surtout dans les régions arides et semi-arides. Une gestion durable implique la mise en place de systèmes de collecte et de stockage des eaux de pluie, la réhabilitation des forages et la sensibilisation des populations aux bonnes pratiques d'utilisation.

En soutenant ces communautés, en renforçant leurs capacités et en veillant à ce que les projets soient menés à terme, il est possible de transformer ces défis en leviers de développement. Cette expérience m'a rappelé que, malgré les difficultés, l'espoir et la persévérance peuvent ouvrir la voie à un changement significatif et durable.

Figure 4 : Point d'eau dans la commune de Thiamene Djolof

- **Solutions durables et leadership local : Vers un avenir hydrique résilient**

Pour soutenir efficacement les communautés locales, il est essentiel de se positionner en tant qu'appui technique, en ciblant particulièrement les groupes organisés. Ces groupes, souvent structurés autour d'associations ou de coopératives, ont une vision claire de leur développement et des besoins de leur localité. L'objectif est de les accompagner dans la formalisation de leurs idées et la mise en œuvre de projets concrets qui répondent à leurs aspirations. Cela passe par un dialogue approfondi pour comprendre comment ils envisagent le développement de leur territoire et quelles sont leurs priorités.

Cette rencontre avec les villageois m'a profondément éclairé sur les défis complexes et multidimensionnels liés à l'accès à l'eau dans ces zones rurales. Au-delà des difficultés immédiates, comme les longues distances à parcourir pour atteindre les points d'eau ou la vétusté des infrastructures, j'ai pris conscience des lacunes structurelles qui entravent les efforts de développement dans ces localités. Si les initiatives du gouvernement en matière d'accès à l'eau sont indéniablement louables, elles peinent encore à répondre pleinement à l'ampleur des besoins. Les investissements consentis dans le secteur hydraulique ont certes permis des avancées, mais leur impact reste inégal sur le terrain. En témoigne la situation persistante de nombreux villages, comme celui que j'ai visité, ou certains villages de la commune de Ndoga Babacar, dans la région de Tambacounda, où les habitants doivent encore recourir à des ânes pour tirer l'eau de puits parfois profonds de plus de cinquante-cinq (55) mètres. Dans ces zones, l'accès à une eau potable et en quantité suffisante demeure un défi quotidien. Ces lacunes rappellent la nécessité d'une approche plus ciblée et d'un renforcement des moyens déployés pour combler les disparités.

Par ailleurs, l'utilisation optimale des systèmes d'information géographique (SIG) pourrait constituer l'une des principales pistes pour améliorer la politique hydraulique actuelle. En intégrant des données spécifiques, dynamiques et détaillées par région sur l'eau, les zones en manque d'eau et les nécessités de la population, les autorités seraient en mesure de concevoir et d'appliquer des stratégies nettement plus performantes. L'emploi du Système d'Information Géographique (SIG) pour surveiller l'établissement de forages permettrait de choisir les lieux les plus appropriés via une évaluation approfondie des conditions hydrogéologiques, évitant ainsi des dépenses inutiles et optimisant l'effet des installations. Le SIG se révèle être un outil incontournable pour une gestion optimale de l'eau, pérenne et inclusive, offrant la capacité de :

• utiliser judicieusement les ressources financières et naturelles ;

• anticiper plus efficacement les crises (telles que les sécheresses et inondations) ;

• accroître la transparence des décisions en simplifiant la visualisation des données.

En perfectionnant les instruments de gestion et en formant les acteurs, la politique de l'eau pourrait se transformer d'une approche réactive en une stratégie réellement proactive, axée sur la connaissance et l'innovation.

Renforcer l'implication des collectivités locales dans la gestion de l'eau est un moyen crucial pour améliorer la pertinence et la durabilité des projets liés à l'hydraulique. Bien que les autorités locales participent déjà au choix des sites de forage, elles ont une influence limitée sur la supervision et l'évaluation de la performance des opérateurs privés. Dans beaucoup de situations, les projets continuent d'être élaborés et exécutés de façon centralisée, sans une véritable consultation auprès des municipalités ni un engagement effectif des communautés. Les collectivités territoriales, étant particulièrement aptes à identifier les besoins essentiels de leurs habitants et à assurer une mise en œuvre locale des initiatives. Cette méthode aiderait à prévenir les disparités constatées, où certaines localités ont de nombreux forages, alors que d'autres, tout aussi exposées, sont encore sous-équipées en services d'eau. L'objectif est donc de passer d'une approche sporadique à une planification basée sur des données et des besoins concrets.

De plus, la mise en place de critères clairs pour la construction des forages représente un moyen d'améliorer l'équité et l'efficacité. En tenant compte d'indices concrets - densité de peuplement, éloignement des sources existantes, exigences agricoles - nous sommes en mesure de déterminer précisément les régions qui nécessitent le plus d'attention. Cette approche favorise une répartition plus équitable des forages, en veillant à ce que chaque localité, selon ses besoins, puisse bénéficier d'un accès adéquat à l'eau.

En associant une véritable décentralisation des décisions à un cadre technique précis pour les forages, on permet une planification basée sur des données tangibles, un renforcement de l'appropriation locale et, en fin de compte, une durabilité accrue des infrastructures hydrauliques.

Dans une perspective constructive, il serait pertinent pour les pouvoirs publics d'envisager des ajustements progressifs de leur approche, en s'appuyant sur les retours d'expérience et en renforçant le dialogue avec les acteurs locaux. L'eau n'est pas seulement une ressource vitale ; elle est aussi un élément clé dans la lutte contre la faim et la pauvreté. Sans un accès fiable à l'eau, il est impossible de développer une agriculture durable, d'améliorer les conditions sanitaires ou de stimuler l'économie locale. Les initiatives passées, telles que la construction de forages et le projet de valorisation des vallées fossiles, le projet du canal du Kayor, avaient suscité beaucoup d'espoirs sous le régime socialiste. Ces approches, bien que parfois critiquées à l'époque par une partie de la classe politique, avaient le mérite de répondre à des besoins concrets et de s'appuyer sur des solutions adaptées au contexte local. Il est temps de les relancer et de les adapter aux réalités actuelles, en intégrant les leçons du passé et les innovations technologiques disponibles aujourd'hui.

- **La récupération des eaux de pluie, une solution alternative ?**

La récupération des eaux de pluie est une solution simple, peu coûteuse et efficace qui peut transformer la vie des populations dans les zones rurales. En construisant des citernes, des bassins de rétention et d'autres infrastructures de stockage, les communautés peuvent capter et conserver l'eau pendant la saison des pluies pour l'utiliser pendant les périodes de sécheresse. Cette méthode est particulièrement adaptée aux régions où les précipitations, bien qu'irrégulières, sont suffisantes pour remplir des réservoirs bien dimensionnés et bien gérés. Elle permet non seulement de pallier le manque d'accès à l'eau potable, mais aussi de soutenir l'agriculture, l'élevage et d'autres activités essentielles à la survie et au développement des communautés.

Cette approche a déjà fait ses preuves dans plusieurs pays à travers le monde. Par exemple, au Brésil, des projets de récupération des eaux de pluie ont été mis en œuvre avec succès, offrant des résultats tangibles en matière de sécurité hydrique et de développement rural. Ces initiatives ont inspiré d'autres pays, comme le Sénégal, où une mission s'est rendue en 2017 pour étudier ces modèles et en tirer des leçons. Parmi les participants figurait Ahmed Ka, président de l'épicentre de Dahra Djolof, une figure engagée dans la promotion de solutions locales pour améliorer l'accès à l'eau et renforcer la résilience des communautés face aux changements climatiques.

L'étalonnage comparatif réalisé lors de cette mission a permis d'identifier les meilleures pratiques et les conditions nécessaires pour adapter ces solutions au contexte sénégalais. Par exemple, la conception des infrastructures doit tenir compte des spécificités climatiques et géographiques, tandis que la gestion communautaire des ressources en eau est essentielle pour garantir la durabilité des projets. En impliquant les populations locales dans la planification et la mise en œuvre, ces initiatives peuvent non seulement répondre aux besoins immédiats, mais aussi renforcer les capacités des communautés à gérer leurs ressources de manière autonome.

En somme, la récupération des eaux de pluie représente une opportunité majeure pour améliorer les conditions de vie dans les zones rurales, en particulier dans un contexte de changements climatiques où les sécheresses deviennent plus fréquentes et intenses. En s'inspirant des expériences réussies à l'étranger et en les adaptant aux réalités locales, il est possible de créer des systèmes résilients et durables qui profitent à l'ensemble de la communauté. Cela nécessite toutefois un engagement fort des autorités, des partenaires techniques et financiers, ainsi qu'une implication active des populations concernées pour garantir la réussite et la pérennité de ces projets.

- **La construction de forage**

De même, la construction de forages relancée par le gouvernement du Sénégal à travers le programme d'urgence pour le développement communautaire (PUDC) doit s'accompagner d'une attention particulière à leur entretien et à leur gestion. Il n'est pas rare que des forages tombent en panne après quelques années d'utilisation, notamment en raison de défauts de maintenance ou de difficultés d'approvisionnement en pièces détachées. Ces dysfonctionnements, bien que récurrents dans certains contextes, ne remettent pas systématiquement en cause la qualité initiale des installations, mais soulignent l'importance d'un suivi technique et logistique sur le long terme. Il est essentiel de mettre en place des mécanismes de gestion communautaire, où les villageois eux-mêmes sont formés et responsabilisés pour assurer la pérennité des infrastructures en rapport avec le service hydraulique.

- **La valorisation des vallées fossiles**

Enfin, la valorisation des vallées fossiles (la vallée du Ferlo, de la Falémé, du Gorgol et de la Casamance) représente une opportunité majeure pour augmenter les ressources en eau disponibles. Ces vallées, souvent asséchées, peuvent être réhabilitées pour stocker l'eau de pluie et recharger les nappes phréatiques. Cette approche, combinée à des techniques d'irrigation modernes, pourrait transformer des zones arides en terres agricoles productives, créant ainsi des emplois et améliorant la sécurité alimentaire.

En définitive, cette rencontre avec les villageois rappelle que l'accès à l'eau est bien plus qu'un enjeu technique ; c'est une question de justice sociale et de développement humain. Les solutions existent, mais elles nécessitent une volonté politique forte, une coordination entre les différents acteurs et une implication active des communautés locales. En repensant leur approche et en investissant dans des solutions durables, les pouvoirs publics peuvent faire de l'eau un levier puissant pour lutter contre la pauvreté et construire un avenir meilleur pour ces populations rurales.

La résolution de la problématique de l'eau représente bien plus qu'une simple amélioration des conditions de vie ; c'est une véritable clé de voûte pour le développement économique et social des zones rurales. Dans les régions dépendantes des pluies, où l'agriculture est souvent limitée à une seule saison de culture par an, un accès fiable à l'eau permettrait de diversifier les cultures et de réduire la vulnérabilité des populations face aux aléas climatiques. Au lieu de se contenter de cultures vivrières comme le mil ou le sorgho, les agriculteurs pourraient introduire des légumes, des fruits et même des cultures de rente, augmentant ainsi leurs revenus et améliorant leur sécurité alimentaire.

Mais l'impact ne s'arrête pas là. Un accès durable à l'eau ouvrirait également la voie au développement de la culture fourragère, essentielle pour soutenir l'élevage, une activité économique majeure dans de nombreuses communautés rurales. En cultivant des plantes fourragères comme le niébé, le maralfalfa (une plante fourragère tropicale, originaire d'Amérique du Sud, très appréciée pour l'alimentation du bétail) ou le sorgho fourrager, les éleveurs pourraient nourrir leur bétail toute l'année, même pendant la saison sèche. Cela réduirait la pression sur les pâturages naturels, souvent surexploités, et limiterait les conflits entre agriculteurs et éleveurs pour l'accès aux ressources.

- **De la résilience des populations rurales**

Dans les zones rurales, des projets innovants voient le jour, mettant en évidence la capacité des communautés locales à innover face aux défis climatiques et économiques. L'exemple de Hawa Alassane Sow, éleveuse originaire de Barkédji, incarne un parcours exemplaire de réussite et d'engagement. Femme d'exception, elle s'est distinguée par son dévouement sans faille au développement de l'élevage, ce qui l'a conduite à présider le directoire des femmes en élevage de la région de Louga ainsi que la coopérative du Réseau national des entrepreneurs en production fourragère au Sénégal. Figure incontournable du développement local, elle a su élargir son action au-delà du secteur de l'élevage. Dès l'ère du président Abdou Diouf, elle a affirmé son leadership sur la scène politique en occupant notamment les postes de conseillère rurale et de présidente du comité consultatif des femmes de l'arrondissement de Barkédji, laissant ainsi une empreinte durable sur le paysage socio-économique de sa région. En s'investissant dans la production de fourrage, elle a démontré qu'il est possible de transformer des terres arides en zones agricoles productives, à condition de disposer de ressources adaptées et d'un accompagnement approprié.

En bénéficiant d'un meilleur accès à l'eau, une ressource essentielle dans cette zone sahélienne, ainsi que d'un accompagnement technique de la part de la FAO dans l'installation du système goutte-à-goutte, Hawa a réussi à exploiter efficacement un terrain jusque-là sous-utilisé. Elle y produit maintenant suffisamment de fourrage pour alimenter son propre bétail, contribuant ainsi à renforcer sa résilience face aux pénuries alimentaires et à la dégradation des pâturages naturels.

Son itinéraire offre de l'espoir : il démontre que des solutions locales, enracinées dans les conditions réelles du terrain, peuvent être efficaces et reproductibles à grande échelle. L'accomplissement d'Hawa sert de source d'inspiration pour d'autres femmes et jeunes entrepreneurs à se lancer dans des initiatives semblables, promouvant de ce fait un développement rural inclusif et pérenne.

Toutefois, cette dynamique demeure précaire. L'un des principaux freins à la durabilité de ce genre d'initiative est l'augmentation progressive du coût de l'eau. Lors de notre dernière rencontre, il lui avait été suggéré d'expérimenter la construction de citernes de récupération des eaux pluviales, une solution qui pourrait considérablement améliorer la rentabilité de son exploitation en la dispensant de payer des factures d'eau exorbitantes. Si les coûts associés à l'approvisionnement en eau, que cela concerne le forage, le pompage ou l'irrigation, deviennent trop importants, ils pourraient mettre en péril la viabilité économique du projet.

Dans un contexte où le cheptel bovin est important, car représentant la principale activité de cette brave dame, une augmentation significative des charges pourrait conduire à l'abandon de cette activité, malgré son potentiel.

Il est donc essentiel que les politiques publiques et les partenaires au développement prennent en compte cette réalité. Des mécanismes de soutien, tels que des subventions ciblées, des tarifs préférentiels pour l'eau agricole ou encore la promotion de technologies d'irrigation économes — comme les citernes de récupération des eaux pluviales — pourraient faire toute la différence. En investissant dans ces solutions, on donne aux communautés rurales les moyens de bâtir un avenir plus autonome, plus résilient et plus prospère.

Cette situation rappelle une activité similaire qui avait été lancée par l'Association pour le Développement de Namarel. Malheureusement, les coûts associés à l'achat de l'eau nécessaire à l'entretien des parcelles fourragères avaient fini par rendre l'exploitation insoutenable, conduisant à son abandon. Cette expérience passée souligne l'importance de trouver des solutions durables pour réduire les coûts, comme l'utilisation de systèmes d'irrigation plus efficaces ou la recherche de sources d'eau locales moins onéreuses, afin d'éviter que ce projet ne subisse le même sort.

Par ailleurs, pour maximiser l'impact des interventions dans le secteur de l'eau, il est essentiel que les programmes de développement communautaire incluent l'aménagement de périmètres maraîchers près de chaque forage. Ces espaces agricoles, soigneusement planifiés et gérés par les communautés locales avec l'appui de techniciens agricoles qualifiés, pourraient devenir de véritables leviers de développement durable. En effet, les périmètres maraîchers ne se contenteraient pas d'optimiser l'utilisation de l'eau ; ils transformeraient également les conditions de vie des populations en améliorant la production agricole, en renforçant la sécurité alimentaire et en créant des opportunités économiques.

Figure 5 : Parcelles fourragères à Barkédji

- **Forages et périmètres maraîchers : une stratégie intégrée pour la sécurité alimentaire**

L'idée est simple, mais puissante : chaque forage, en plus de fournir de l'eau potable, pourrait devenir le cœur d'une zone de production agricole intensive. Ces périmètres maraîchers permettraient de cultiver une variété de légumes, de fruits et de plantes fourragères, adaptés aux conditions locales et aux besoins des communautés. Par exemple, des cultures comme les tomates, les oignons, les carottes ou encore les pommes de terre pourraient être produites en quantités suffisantes pour répondre aux besoins des familles tout en générant des surplus commercialisables. De même, la culture de plantes fourragères, comme le niébé ou le sorgho, pourrait soutenir l'élevage local, réduisant ainsi la dépendance aux pâturages naturels et limitant les conflits entre agriculteurs et éleveurs.

Le village de Ndereppe, situé dans la commune de Réfane, constitue un exemple particulièrement réussi. Un périmètre maraîcher de quatre (4) hectares y a été aménagé et subdivisé en quatre-vingts (80) parcelles. Selon Djib Ndour, un exploitant de l'une de ces parcelles, ce dispositif permet une production moyenne annuelle de vingt-six (26) tonnes d'oignons, illustrant l'efficacité de l'organisation et du travail collectif des producteurs locaux.

L'impact de ces périmètres maraîchers serait multiple. Tout d'abord, ils contribueraient à diversifier l'alimentation des populations locales, qui souffrent souvent d'une monotonie alimentaire due à la dépendance à quelques cultures de base comme le mil ou le maïs. En introduisant des légumes et des fruits riches en vitamines et minéraux, ces périmètres pourraient jouer un rôle clé dans la lutte contre la malnutrition, en particulier chez les enfants de moins de cinq ans, qui sont les plus vulnérables aux carences nutritionnelles. Une alimentation plus variée et équilibrée aurait des effets bénéfiques sur la santé, réduisant les cas de retard de croissance, d'anémie et d'autres maladies liées à la malnutrition.

Ensuite, ces périmètres maraîchers pourraient devenir une source de revenus supplémentaires pour les familles. Les surplus de production pourraient être vendus sur les marchés locaux, générant ainsi des revenus qui permettraient aux ménages de faire face à d'autres besoins, comme l'éducation des enfants, les soins de santé ou l'investissement dans d'autres activités économiques. Pour les femmes, qui jouent souvent un rôle central dans l'agriculture de subsistance, ces périmètres pourraient offrir des opportunités d'autonomisation économique, renforçant ainsi leur statut au sein de la communauté.

Cependant, la réussite de ces périmètres maraîchers dépend de trois facteurs :

Tout d'abord, un encadrement technique est indispensable pour former les agriculteurs aux bonnes pratiques agricoles, à la gestion de l'eau et à la lutte contre les parasites. Les techniciens agricoles pourraient également jouer un rôle clé dans l'introduction de techniques innovantes, comme l'agroécologie ou l'irrigation goutte-à-goutte, qui permettent d'optimiser l'utilisation de l'eau et d'augmenter les rendements.

Ensuite, il est essentiel que ces périmètres soient gérés de manière collective, avec une répartition équitable des ressources et des bénéfices entre les membres de la communauté. Des comités de gestion pourraient être mis en place pour assurer une gouvernance transparente et inclusive.

Enfin, pour garantir la durabilité de ces initiatives, il est crucial de prendre en compte les défis liés au coût de l'eau et à la maintenance des infrastructures. Des solutions innovantes, comme l'utilisation de pompes solaires pour l'irrigation ou la récupération des eaux de pluie, pourraient être explorées pour réduire les coûts et assurer un approvisionnement en eau fiable. De même, des partenariats avec des organisations locales ou internationales pourraient apporter le soutien financier et technique nécessaire à la pérennisation des projets.

En somme, l'aménagement de périmètres maraîchers près des forages représente une opportunité de transformer l'accès à l'eau en un levier de développement global. En combinant amélioration de la sécurité alimentaire, diversification des revenus et renforcement des capacités locales, ces initiatives pourraient contribuer à créer des communautés rurales plus résilientes et prospères. Avec une planification rigoureuse, un encadrement technique adapté et une gestion communautaire inclusive, ces périmètres pourraient devenir des modèles de développement durable, inspirant d'autres régions à suivre la même voie.

• Le besoin de renforcement des capacités locales

Cependant, pour que ces initiatives soient couronnées de succès, elles doivent s'accompagner d'un renforcement des capacités locales. Les agriculteurs et les éleveurs ont besoin de formations sur les techniques d'irrigation, la gestion des ressources en eau et les pratiques agricoles durables. Ils ont également besoin d'un accès à des intrants de qualité, comme des semences résistantes à la sécheresse et des engrais organiques. Enfin, il est crucial de mettre en place des mécanismes de gestion communautaire pour assurer la durabilité des infrastructures hydrauliques et agricoles. Les comités de gestion de l'eau, composés de représentants des villages, pourraient jouer un rôle clé dans la maintenance des forages en rapport avec les techniciens des services d'hydraulique, la distribution équitable de l'eau et la résolution des conflits.

La maîtrise de l'eau est sans aucun doute un enjeu crucial pour l'avenir de ces communautés rurales. Elle est au cœur de la lutte contre la pauvreté, de l'amélioration des conditions de vie et de la préservation de l'environnement. Sans eau, il ne peut y avoir de développement durable, et sans développement, ces communautés continueront de lutter pour leur survie. Les défis sont immenses, mais les solutions existent. Il est urgent d'agir, en mobilisant les ressources nécessaires, en impliquant les communautés locales et en adoptant une approche intégrée qui tienne compte des dimensions économiques, sociales et environnementales. En faisant de l'eau une priorité, il devient possible d'ouvrir la voie à un avenir meilleur pour ces populations, où la faim et la pauvreté ne seront plus une fatalité, mais des défis surmontables.

Chapitre III

Santé en campagne sénégalaise : leçons d'une mission à Dodel et Namarel

Lors d'une de nos missions à Dodel, après avoir passé la nuit à Namarel, nous avons vécu une expérience qui nous a profondément marqués. Tôt le matin, alors que nous reprenions la route, une femme nous interpella avec insistance. Son visage trahissait une détresse palpable. Elle nous supplia de transporter deux femmes qui avaient raté le seul véhicule assurant la liaison entre Namarel et NDioum. Ces dernières, visiblement épuisées et anxieuses, montèrent dans notre véhicule avec l'aide de leur compagne. Lorsque je leur demandai où elles se rendaient, elles répondirent d'une voix tremblante qu'elles allaient à l'hôpital de NDioum, situé à près de soixante (60) kilomètres.

Ce jour-là, un vent de sable violent balayait sans relâche cette étendue désertique, soulevant des tourbillons ocre qui obscurcissaient l'horizon. La lumière du soleil, filtrée par ce voile poussiéreux, prenait une teinte orangée, étrangement irréelle, tandis que la visibilité se réduisait à quelques mètres à peine, ce qui poussa notre chauffeur à allumer les phares du véhicule. La végétation clairsemée, composée principalement d'arbustes étiolés, symbole d'une saison sèche rude, semblait impuissante face à ces rafales violentes. Le paysage était austère, presque hostile, et chaque kilomètre parcouru renforçait l'urgence de la situation.

En chemin, nous dépassâmes le forage du village de Bomborde, un point d'eau vital pour les éleveurs de la localité. Quelques troupeaux de chèvres et de moutons, retardés dans leur transhumance annuelle, se pressaient autour du bassin, leurs museaux plongés dans l'eau. Les bergers, enveloppés dans des turbans épais pour se protéger de la poussière, surveillaient leurs bêtes d'un œil attentif. Cette scène, bien que banale dans cette localité, contrastait avec l'empressement qui animait notre véhicule. Alors, nous sortîmes des pistes sablonneuses et empruntâmes la piste latéritique construite dans le cadre du programme d'urgence pour le développement communautaire, ce qui allégea tant bien que mal les caprices de la route, même si les rafales de sable continuaient de marteler les vitres.

- **Accès aux soins et désenclavement rural : entre urgence et engagement**

Conscient de la souffrance de la femme, dont la douleur semblait s'intensifier à chaque cahot de la route, je demandai au chauffeur d'accélérer, tout en restant prudent face aux conditions difficiles. Après quelques minutes de trajet, nous arrivâmes enfin à Ndioum. Les deux femmes descendirent du véhicule avec un mélange de soulagement et d'appréhension. Elles se dirigèrent rapidement vers le service d'accueil de l'hôpital, où une femme au teint clair, marquée par des scarifications traditionnelles sur le visage, les prit en charge avec une efficacité rassurante. Elle les conduisit sans tarder vers la maternité, où elles pourraient enfin recevoir les soins dont elles avaient besoin.

Cette expérience rappelle les défis immenses auxquels font face les populations rurales, plus particulièrement celles de la zone sylvo-pastorale, en particulier les femmes, dans l'accès aux services de santé. L'absence de moyens de transport fiables, les distances considérables et les conditions climatiques extrêmes aggravent des situations déjà critiques. Pourtant, malgré ces obstacles, la solidarité et la résilience des communautés locales, comme celle de cette femme qui nous a interpellés sur la route, montrent qu'il existe une volonté farouche de surmonter ces difficultés.

Ce jour-là, notre intervention modeste a peut-être fait une différence, mais elle soulève des questions plus larges sur la nécessité de renforcer les infrastructures de santé et de transport dans ces zones reculées. Chaque femme, chaque famille, mérite d'avoir accès à des soins de qualité sans devoir parcourir des dizaines de kilomètres dans des conditions aussi précaires. Cette mission, comme tant d'autres, rappelle l'importance de ne jamais perdre de vue l'humain derrière chaque action, et de continuer à œuvrer pour un avenir où de telles situations ne seraient plus qu'un lointain souvenir.

Nous avons ensuite poursuivi notre chemin vers Dodel, progressant lentement sous un ciel d'un bleu intense où le soleil annihilait toute tentative de fraîcheur. La route en chantier était obstruée par des fossés et des tas de débris, nous forçant à suivre une voie détériorée. Sur une distance d'environ deux kilomètres, nous avons été contraints de zigzaguer entre les cratères d'une route poussiéreuse, chaque secousse faisant trembler le véhicule et soulevant des nuages de poussière jaunâtre.

Le paysage qui nous entourait se déroulait, aride et dévasté, un territoire fouetté par des rafales de vent qui faisaient vibrer les buissons épars, où seuls les dattiers du désert affichaient encore une touche de verdure. Khary Cissé, ma collègue, attira mon attention sur les efforts récents du gouvernement pour améliorer le réseau routier dans la commune de Ndioum. Elle souligna que ces travaux, bien que visibles, restaient insuffisants face aux besoins criants de la localité. Je rétorquai que ces efforts, bien que louables, étaient avant tout une obligation pour les autorités, tenues de répondre aux attentes de la population. Cependant, je fis remarquer que le désenclavement de la zone sylvo-pastorale, une zone encore plus isolée et marginalisée, devrait être une priorité absolue. Sans routes praticables en toutes saisons, les populations continueront de souffrir de l'isolement, limitant leur accès aux services essentiels comme la santé, l'éducation et les marchés.

Notre conversation se poursuivit, et nous en vînmes à discuter longuement du sort de la femme malade que nous venions de déposer à l'hôpital. Cette situation, loin d'être isolée, illustre à quel point les populations rurales souffrent de l'insuffisance des services médicaux. Dans ces zones reculées, les centres de santé sont souvent sous-équipés, le personnel médical manque de ressources, et les ambulances, lorsqu'elles existent, sont fréquemment en panne. Ahmed Konaté, qui était assis à côté du chauffeur et que je croyais indifférent à ma discussion avec Khary Cissé, me raconta qu'il n'était pas rare de voir des ambulances immobilisées pendant des mois, voire des années, sans être réparées, faute de moyens ou de volonté politique. Pendant ce temps, des femmes enceintes doivent parcourir des dizaines de kilomètres dans des charrettes tirées par des ânes ou des chevaux pour atteindre le poste de santé le plus proche. Certaines accouchent même en chemin, sans aucune assistance médicale, exposant leur vie et celle de leur enfant à des risques considérables.

Ces récits, bien que choquants, reflètent une réalité quotidienne pour des milliers de familles rurales. Ils soulignent l'urgence de renforcer les infrastructures de santé et de transport dans ces localités oubliées. Khary Cissé et moi avons convenu que des solutions existent, mais qu'elles nécessitent une volonté politique forte, une coordination efficace entre les acteurs locaux et nationaux, et un engagement durable en faveur du développement rural. Par exemple, la réhabilitation des ambulances, la formation de personnel médical local et la construction de centres de santé équipés pourraient sauver des vies et améliorer considérablement les conditions de vie des populations.

Figure 6 : Poste de santé de Belele Kelle, commune Guédé village

• Les femmes de Dodel : semer l'autonomie, cultiver l'espoir

Alors que nous approchions de Dodel, je ne pouvais m'empêcher de penser à cette femme que nous avions laissée à l'hôpital. Son histoire, comme celle de tant d'autres, est un rappel poignant des inégalités qui persistent entre les zones urbaines et rurales. Elle est aussi un appel à l'action, une invitation à ne pas baisser les bras face à ces défis immenses. Car, comme le disait Khary Cissé en conclusion de notre discussion, « chaque vie sauvée, chaque femme qui accouche en sécurité, chaque enfant qui grandit en bonne santé, c'est une victoire pour toute l'humanité ». Et c'est précisément pour ces victoires, aussi modestes soient-elles, que nous devons continuer à nous battre.

Au cours de notre visite à Dodel, Ouleye et Gogo Pam nous ont conduits au sein de leur domaine maraîcher s'étendant sur cinq (5) hectares. Cet espace se distingue à la fois par son organisation et par la participation des femmes qui y travaillent. Situé à proximité des champs de riz, où une grande partie des travailleurs s'investit, ce projet agricole vise clairement à atteindre l'autosuffisance alimentaire.

À l'abri des acacias, où nous avons trouvé refuge, Khary Cissé, spécialiste en microfinance, affûtait ses notes dans son carnet. Elle et les deux femmes ont entamé des discussions sur l'attribution des parcelles, l'accès à l'eau et la gestion des installations partagées.

Gogo Pam exposait avec assurance et sérénité comment les règles avaient été établies depuis le début : chaque femme a une zone déterminée, mais le maintien des canaux d'irrigation et la supervision du puits sont des tâches partagées. « Ce n'est pas toujours évident, notamment en cas de tensions concernant la distribution de l'eau », a-t-elle avoué. Mère Ouleye a hoché la tête, indiquant que les pics de chaleur mettaient leur organisation face à un défi majeur. Gogo Pam, dans une approche plus franche, souligna la nécessité de consolider le comité de gestion : « À moins de disposer d'une véritable cellule de coordination, dotée de règles précises et de sanctions en cas de manquement, nous demeurerons exposés aux vulnérabilités. »

En longeant les allées, Gogo Pam désigna les rangées de patates douces voisines des planches de légumes-feuilles. « Nous avons divisé les parcelles par cultures pour faciliter la rotation et éviter l'épuisement des sols », expliqua-t-elle. Khary, en s'accroupissant pour examiner une plante, demanda : « Cette organisation est judicieuse, mais comment gérez-vous l'arrosage avec le coût élevé de l'eau ? »

« Nous mutualisons les ressources », répondit mère Ouleye, essuyant son front d'un geste las. « Chaque groupe de dix femmes prend en charge une parcelle. Quand les citernes sont vides, on priorise les cultures les plus fragiles… même si parfois, c'est la récolte entière qui souffre. »

Les défis ne s'arrêtent pas là. Le coût de l'eau reste un obstacle majeur, et les difficultés de commercialisation entraînent régulièrement la perte d'une partie des récoltes. « Avant, on dépendait des marchés voisins pour les légumes », poursuivit Gogo Pam. « Maintenant, nos enfants mangent ce qu'on cultive. Mais sans solution pour les surplus, on perd jusqu'à un tiers des patates. »

Khary hocha la tête : « Et si vous transformiez ces excédents en farine ou en chips ? Cela réduirait les pertes et créerait de la valeur ajoutée. »

Justement, la plateforme des femmes de Dodel a commencé à explorer cette voie. De l'autre côté du village, un petit bâtiment de séchage solaire était en construction. « Avec un peu de formation et d'équipement, on pourrait vendre bien au-delà de Dodel », murmura mère Ouleye, une lueur d'espoir dans la voix.

Cette conversation soulignait à la fois la complexité de leur quotidien et la lucidité avec laquelle elles cherchent des réponses durables. Entre contraintes matérielles et inventivité collective, les femmes de Dodel tracent, à leur rythme, les contours d'une autonomie agricole fondée sur le travail, l'organisation et la solidarité.

• Nuit à Namarel : sous les étoiles, le poids des inégalités

Cette visite à Dodel, riche en enseignements, mais aussi en défis, nous avait profondément marqués. À notre retour à Namarel, Ahmed Konaté et moi nous prélassâmes dans la cour du siège de l'Association pour le Développement de Namarel (ADENA), un ensemble de cases traditionnelles en banco disposées autour d'une vaste cour sablonneuse, où l'air du soir apportait une douce fraîcheur après la chaleur du jour. Nous devisâmes sur la journée passée à Dodel tout en contemplant les étoiles, un spectacle qu'on ne peut admirer dans les centres urbains en raison de la densité de l'habitat et de la pollution lumineuse. La distance entre Dodel et Namarel a été longue, se plaignit Ahmed, qui estima que faire quatre-vingt-cinq (85) km pour venir passer la nuit à Namarel était évitable ; « On pourrait passer la nuit à Ndioum », rétorquai-je avec un sourire en coin. Je me disais que mon grand frère était complètement esquinté par l'effet conjugué d'une longue journée et de la longue distance.

Quelques minutes après notre arrivée, Necko Bâ nous apporta le dîner. Originaire de Naydé, elle avait quitté son village natal pour venir étudier à Namarel, le seul village de la localité à disposer d'un collège d'enseignement moyen. Élève en classe de quatrième, elle loge chez Marème Harouna Bâ, une femme reconnue dans le village pour son hospitalité et sa générosité. Le repas, soigneusement préparé, nous offrait un choix entre un couscous accompagné de lait de vache frais et un plat de poulet avec de la salade. Sans hésitation, et fidèle à mes habitudes de Peul, je me laissai tenter par le couscous, dont le goût délicat se mariait parfaitement avec la douceur du lait.

Une fois le dîner terminé et après avoir échangé quelques mots autour de la table, nous décidâmes de sortir prendre l'air. La nuit enveloppait déjà Namarel d'un calme serein, seulement troublé par les bruits lointains des conversations et le souffle du vent dans les arbres entourant le siège de l'Association pour le Développement de Namarel. Ensemble, nous nous rendîmes chez Assette Diouldé Bâ, dont la maison se trouvait à quelques encablures de notre lieu de résidence.

Dans la cour, un calme paisible régnait. Les vaches, fraîchement traites, se déplaçaient librement. Dans cette région du Ferlo, une tradition bien établie voulait qu'elles ne soient pas attachées, contrairement à d'autres endroits où les animaux sont souvent retenus. Elles vagabondaient sans contrainte, explorant les alentours avant de s'enfoncer dans la brousse pour la nuit. Elles s'éloignaient paisiblement vers les vastes pâturages, où l'herbe sèche était abondante, pour ne revenir qu'au petit matin. Cette liberté s'expliquait par l'immensité des terres, dépourvues de champs cultivés nécessitant des clôtures. Un vent léger soufflait, mêlant son murmure aux quelques beuglements des vaches en mouvement et aux aboiements lointains des chiens errants.

L'ambiance chez Assette était chaleureuse, et nous étions impatients de passer un moment agréable en bonne compagnie. Peu à peu, le groupe s'étoffa. Marème Harouna, Moussa Bâ et sa femme vinrent se joindre à nous, leurs visages éclairés par la lumière du lampadaire accroché à la devanture. D'une voix douce comme le bruissement des feuilles sous la brise du soir, Marème Diéry se tourna vers Kangué, la nièce de son mari, dont la silhouette se découpait dans la pénombre fraîche du hangar voisin. « Kangué, ma fille », murmura-t-elle en ajustant son voile d'un geste machinal, « pourrais-tu nous apporter un peu de lait frais pour nos hôtes ? ». La jeune fille acquiesça d'un signe de tête, escalada la haie de bois mort servant de clôture et revint quelques minutes plus tard avec une calebasse pleine. En nous tendant le récipient, ses yeux brillants d'un mélange de timidité et de satisfaction, Kangué esquissa un sourire qui creusa des fossettes sur ses joues rondes. Le lait, encore tiède, fut un délice que nous savourâmes avec gratitude, symbole d'un partage simple et précieux.

Non loin de là, des enfants étaient assis sur une natte, plongés dans leurs cahiers. Leurs voix cristallines scandaient les leçons du jour, ajoutant une mélodie studieuse à la douceur de la soirée. Ce tableau, à la fois familial et empreint de tradition, capturait l'essence même de la vie paisible du Ferlo.

C'est dans cette atmosphère que la mère d'Assette fit son apparition. Elle avançait lentement, drapée dans un pagne traditionnel, témoin d'une époque où chaque geste avait un sens. Femme respectée, elle s'exprimait peu en wolof, préférant le pular, qu'elle portait comme un héritage vivant. À peine arrivée, elle lança à Ahmed Konaté, avec une malice affectueuse : « Toi là, depuis toutes ces années que tu viens à Namarel, et tu n'es toujours pas capable de parler le pular ? »

Les rires fusèrent, et Ahmed, amusé, haussa les épaules : « Je m'y attendais… Chaque fois, on me le rappelle. Mais cette fois, elle a raison. Après toutes ces années, je devrais faire l'effort d'apprendre cette belle langue ».

Son aveu sincère fut accueilli avec bienveillance, comme une invitation à s'immerger davantage dans la culture locale.

Assise confortablement sur un lit en branchage, Assette Diouldé Bâ, une femme au caractère dynamique et au leadership naturel, avait donné l'ordre à Mame Penda de préparer le thé pour Ahmed Konaté, Khary Cissé et moi. Autour de cette tasse de thé, les discussions ont pris une tournure profonde et émouvante. Assette nous a raconté l'odyssée de la femme que nous avions transportée ce matin-là à l'hôpital de Ndioum. Sitôt arrivée à Ndioum, la femme avait dû être transférée d'urgence à l'hôpital de Richard-Toll, où elle a finalement accouché dans de bonnes conditions.

Dans son récit, Assette n'a pas manqué de nous remercier chaleureusement pour notre aide. « Sans votre intervention, sa situation aurait pu être compromise, faute de moyens de transport », a-t-elle souligné avec gratitude. Cette anecdote met en lumière un problème récurrent et profondément enraciné dans la zone sylvo-pastorale : les difficultés de mobilité auxquelles les populations font face. En effet, dans ces zones rurales, l'absence de moyens de transport fiables et accessibles rend les déplacements, surtout en cas d'urgence, extrêmement compliqués. Pour les femmes enceintes, les malades ou les personnes nécessitant des soins urgents, cette situation peut avoir des conséquences dramatiques, mettant en péril des vies qui pourraient être sauvées avec un meilleur accès aux services de santé.

Bien que l'histoire se termine bien, elle met en évidence la nécessité pressante de trouver des moyens durables pour faciliter le transport dans la zone sylvo-pastorale, où les obstacles à la mobilité demeurent considérables dans l'accès aux services essentiels. Dans cette zone rurale, isolée et peu dotée en infrastructures, les habitants sont quasi tributaires des *woppu yaha*, une dénomination peule pour les Peugeot 404 bâchées qui signifie « laissez-le partir », reliques du passé transformées en moyens de transport collectif. Malgré leur vétusté, leur manque de confort et d'adéquation, ces véhicules demeurent le seul moyen de déplacement habituel dans un grand nombre de villages. Ils ne peuvent assurer ni la protection des voyageurs ni le transport approprié des biens, des animaux ou, en cas d'urgence, des malades.

Face à cette réalité, il devient impératif de repenser la mobilité dans la zone sylvo-pastorale à travers une approche intégrée et communautaire. La mise en place de systèmes de transport communautaire, plus adaptés et plus accessibles, constituerait un premier pas vers une meilleure inclusion territoriale. Cela suppose non seulement un appui logistique et financier, mais aussi une mobilisation des collectivités locales autour d'une vision partagée de l'intérêt général.

Parallèlement, l'amélioration des pistes rurales apparaît comme une priorité. Trop souvent impraticables en saison des pluies dans certains endroits, elles coupent littéralement les villages du reste du territoire, aggravant l'isolement des populations. Enfin, la mise en place d'ambulances locales adaptées, gérées à l'échelle intercommunale, permettrait de répondre plus efficacement aux urgences médicales, réduisant ainsi les délais d'intervention souvent fatals.

En somme, améliorer la mobilité dans la zone sylvo-pastorale ne relève pas du confort, mais bien d'un impératif de justice sociale, de sécurité et de développement. Il est temps d'agir pour que plus jamais l'accès aux soins, à l'éducation ou aux opportunités économiques ne soit conditionné à l'état d'un véhicule hors d'âge ou à la chance de croiser la bonne personne au bon moment.

En attendant, c'est grâce à la solidarité ponctuelle et à l'entraide, comme celle dont nous avons fait preuve ce jour-là, que les populations parviennent à surmonter ces défis quotidiens. Autour de cette tasse de thé, nous avons non seulement partagé un moment de convivialité, mais aussi pris conscience de l'importance de continuer à œuvrer ensemble pour le bien-être de notre communauté.

Il est clair que des efforts supplémentaires doivent être déployés pour renforcer les infrastructures sanitaires, former davantage de personnel médical et assurer la maintenance des équipements. La santé est un droit fondamental, et il est préoccupant que certaines populations continuent de rencontrer de sérieux obstacles pour accéder à des soins de qualité. Nous avons également évoqué l'importance de sensibiliser les communautés aux pratiques sanitaires de base, comme l'hygiène et la prévention des maladies, ainsi que de mettre en place des partenariats avec des organisations locales et internationales pour mobiliser des ressources et des compétences.

Cette réflexion nous a rappelé que le développement durable ne se limite pas à la construction d'infrastructures, mais passe aussi par l'autonomisation des communautés et la création de systèmes résilients. La beauté du ciel étoilé, si rarement visible ailleurs, nous a offert un moment de sérénité, mais aussi une métaphore puissante : chaque étoile, bien que lointaine, contribue à éclairer l'ensemble. De la même manière, chaque action, aussi modeste soit-elle, peut contribuer à améliorer la vie de ces communautés.

Les missions de terrain comme celle-ci permettent de mieux comprendre les réalités complexes auxquelles font face les communautés rurales. Les défis sont nombreux, mais avec une approche inclusive, une meilleure coordination des acteurs et un renforcement des capacités locales, il est possible d'apporter des changements significatifs. La route est longue, mais chaque pas compte pour améliorer les conditions de vie de ces populations souvent oubliées.

- **De la précarité du système de santé**

L'un des défis majeurs identifiés est le manque d'infrastructures sanitaires adéquates. Dans certaines localités, l'offre en infrastructures de santé demeure insuffisante. Les rares structures disponibles manquent souvent de matériel de base, comme des médicaments, des équipements de diagnostic, ou même d'un réseau téléphonique fonctionnel, ce qui rend parfois difficile de joindre le centre de santé le plus proche en cas d'urgence. Cette situation demeure préoccupante et expose les mères et les nouveau-nés à des risques évitables pour leur santé et leur vie. Pour y remédier, il est urgent d'investir dans la construction et la réhabilitation des postes de santé, en veillant à ce qu'ils soient équipés des outils et des ressources nécessaires pour fournir des soins de qualité.

Un autre enjeu important concerne la disponibilité limitée de personnel médical qualifié, ce qui peut affecter la qualité et la régularité des soins dans certaines localités. Dans les zones rurales, les infirmiers et les médecins sont souvent en sous-effectif, et ceux qui sont présents doivent faire face à une charge de travail écrasante, assistés par des volontaires de la santé et des matrones qui n'ont aucun contrat formel avec les structures de santé. Par exemple, un seul infirmier peut être responsable de plusieurs villages, ce qui rend impossible une prise en charge rapide et efficace des patients. Cette assertion est confirmée par le témoignage d'un infirmier ayant longtemps travaillé en milieu rural : celui-ci a souligné l'absence d'infirmiers adjoints, ce qui limite la continuité des services médicaux. Ainsi, lorsque l'infirmier-chef de poste est absent pour des raisons professionnelles ou personnelles, la population se retrouve souvent livrée à elle-même, sans accès aux soins de base.

Pour combler ce gap, il est essentiel de former et de recruter des professionnels de santé et de les inciter à travailler dans les zones rurales. Cela pourrait passer par des programmes de bourses d'études, des incitations financières ou des campagnes de sensibilisation sur l'importance de servir les communautés les plus vulnérables. En parallèle, il est crucial de renforcer les compétences des agents de santé communautaires, qui jouent un rôle clé dans la prévention et les soins de première ligne.

Enfin, on observe souvent une faiblesse dans la maintenance des équipements médicaux, ce qui limite leur durabilité et leur efficacité. Trop souvent, des ambulances, des générateurs ou des appareils de diagnostic tombent en panne et sont rarement réparés à temps, faute de budget ou de techniciens qualifiés. Cette situation entraîne une perte de ressources considérable et compromet la qualité des soins. Pour y remédier, il est nécessaire de mettre en place des systèmes de maintenance préventive au niveau de chaque département et de former des techniciens locaux à la réparation des équipements. De plus, les communautés devraient être impliquées dans la gestion des infrastructures sanitaires afin de garantir leur durabilité et leur bon fonctionnement sur le long terme.

Ces défis rappellent que la santé est un droit fondamental, ainsi que l'accès à des soins de qualité. Les conséquences de cette situation sont parfois inquiétantes : mortalité infantile élevée, propagation de maladies évitables et souffrance quotidienne pour des milliers de personnes. Pourtant, des solutions existent et elles sont à portée de main. En investissant dans les infrastructures, en formant du personnel médical et en assurant la maintenance des équipements, il est possible de transformer radicalement la situation sanitaire dans les zones rurales.

Les missions de terrain, comme celles que nous avons vécues à Namarel, nous ont permis de mieux comprendre les réalités complexes auxquelles font face les communautés rurales. Loin des statistiques et des rapports, nous avons pu constater de visu les conditions de vie difficiles des villageois, mais aussi leur résilience et leur détermination à améliorer leur sort. Les défis sont nombreux (accès à l'eau, éducation, santé, emploi, etc.), mais ils ne sont pas insurmontables. Avec une approche inclusive, qui implique les communautés à chaque étape du processus, et une meilleure coordination des acteurs, il est possible d'apporter des changements significatifs.

La route vers un développement durable et équitable est longue, et les obstacles sont nombreux. Mais chaque pas, aussi infime soit-il, compte. Chaque forage construit, chaque formation dispensée, chaque centre de santé réhabilité contribue à améliorer les conditions de vie de ces populations souvent oubliées. Nous avons la responsabilité partagée, en tant qu'acteurs du développement, de continuer à nous engager auprès de ces communautés, de les écouter, de les soutenir et de les accompagner dans leurs efforts pour bâtir un avenir meilleur.

En définitive, cette soirée à Namarel a été un moment de réflexion et de prise de conscience. Elle m'a rappelé que, malgré les défis, il est possible de faire une différence. En travaillant avec détermination et empathie, notre engagement devrait avant tout consister à accompagner les communautés dans l'élaboration de leurs propres solutions, plutôt que de nous substituer à elles. Car, au-delà des actions ponctuelles, aussi louables soient-elles, seul un appui durable et structurant peut réellement transformer leur avenir.

Chapitre IV

La pauvreté face à l'humanité : entre constats bouleversants et quête de solutions durables »

• La pauvreté en plein visage

La pauvreté, un fléau silencieux et persistant, s'est imposée à nous de manière frappante lors d'une étude portant sur l'évaluation d'un projet de développement. Les cas que nous avons rencontrés étaient à la fois émouvants et profondément choquants, révélant une réalité souvent ignorée ou méconnue. L'un de ces moments nous a particulièrement marqués, lors d'une enquête menée dans un village de la région de Saint-Louis, au Sénégal.

Ce jour-là, après une matinée de travail intense, je faisais le point sur l'avancement des enquêtes avec mon équipe. C'est alors que Pape Diallo, l'un des enquêteurs locaux, m'a abordé pour me parler d'un cas de pauvreté extrême qu'il avait découvert dans le village. Son récit était si poignant que j'ai immédiatement décidé de faire quelque chose de concret pour cette famille.

Ainsi, me suis-je arrêté à une petite boutique située à l'entrée du village, un endroit modeste où s'entassaient des produits de première nécessité. L'étalage était simple : des sacs de riz, des paquets de sucre, des boîtes de conserve et quelques légumes secs.

Le propriétaire, un homme âgé au visage creusé par les années, m'a accueilli avec un sourire timide. Il me demanda de manière lapidaire : « Quel est l'objet des enquêtes que vous êtes en train de mener ? » Ce genre de question, nous l'avons entendue à maintes reprises, ce qui témoigne de la lassitude des populations face à ces enquêtes. On nous reproche souvent qu'il y ait trop d'enquêtes, de rapports et de diagnostics, sans que cela ne se traduise par des actions tangibles. Les populations, lassées par ces démarches répétitives, expriment leur frustration en soulignant qu'en retour, elles ne voient rien de concret : pas d'amélioration de leurs conditions de vie, pas de solutions durables et, surtout, pas d'espoir de changement. Cette déconnexion entre les efforts déployés et les résultats visibles nourrit un sentiment d'impuissance et de méfiance envers les initiatives de développement. Cette attitude est compréhensible, d'autant plus que les attentes sont énormes.

J'ai choisi quelques denrées de base : un sac de riz et deux kilos de sucre, des aliments essentiels qui pourraient soulager, ne serait-ce que temporairement, la faim de cette famille en détresse.

En sortant de la boutique, j'ai chargé les provisions dans le coffre de la voiture avec l'aide du chauffeur. Le véhicule, robuste mais déjà marqué par les nombreuses heures de route sur des chemins difficiles, portait les stigmates de ses années de service. Le sac de riz, lourd et enveloppé dans un tissu rugueux, contrastait avec la légèreté des paquets de sucre, soigneusement emballés dans du papier kraft. Ces achats, bien que modestes, représentaient un geste d'espoir, une tentative de redonner un peu de dignité à ceux qui en avaient été privés.

Nous avions initialement prévu de visiter un autre village dans l'après-midi, où d'autres enquêtes nous attendaient. Je décidai finalement de laisser les autres membres de l'équipe, notamment Nafi Tall et Nfally Coly, s'en charger, car le cas que Pape Diallo m'avait signalé ne pouvait pas attendre. La pauvreté, surtout lorsqu'elle touche des enfants et des personnes vulnérables, exige une réponse immédiate.

Avant que la nuit ne tombe, j'ai appelé Pape Diallo pour qu'il me guide jusqu'à la maison dont il était question. Le crépuscule approchait, et le ciel commençait à se teinter de nuances orangées et pourpres, annonçant la fin du jour. Pape Diallo, un homme calme et observateur, m'a rejoint près de la voiture. Il m'a expliqué que la famille vivait à l'écart du village, dans une zone reculée où peu de gens s'aventuraient. « C'est une famille qui souffre en silence », m'a-t-il dit, les yeux empreints d'une tristesse résignée.

Nous sommes montés dans la voiture, et Pape Diallo a pris place à côté de moi. Le moteur a rugi, rompant le silence des rues du village, car à cet instant tout le monde s'était replié chez soi. Alors que nous quittions les dernières maisons, j'ai ressenti un mélange d'appréhension et de détermination. Je savais que ce que j'allais découvrir ne serait pas facile à voir, mais je me sentais obligé d'agir, ne serait-ce que pour témoigner de leur situation et apporter un peu de réconfort.

Le chemin était cahoteux, traversant des zones de broussailles et des terrains sablonneux. La poussière soulevée par les roues de la voiture formait un nuage derrière nous, tandis que les dernières lueurs du soleil éclairaient faiblement notre route. Pape Diallo m'a raconté comment il avait découvert cette famille lors de ses précédentes enquêtes. « Ils vivent avec presque rien », m'a-t-il confié. « Le père est handicapé, et la mère essaie de faire face, mais c'est trop lourd pour elle. Les enfants… ils méritent mieux que ça. »

Ses paroles résonnaient en moi, renforçant ma conviction que nous devions faire quelque chose. Alors que nous approchions de la maison, j'ai senti mon cœur se serrer. La pauvreté, souvent abstraite dans les rapports et les statistiques, allait bientôt prendre un visage humain, une réalité tangible que je ne pourrais plus ignorer.

Nous sommes partis au crépuscule, un moment choisi avec soin. En effet, il est essentiel d'agir avec discrétion lorsqu'on apporte de l'aide, pour préserver la dignité des personnes concernées. La voiture avançait lentement sur les chemins de terre, tandis que le soleil couchant teintait le ciel de couleurs orangées. Après quelques minutes de route, nous sommes arrivés à destination.

La maison était une modeste construction en tôle et en bois, à peine suffisante pour abriter sa petite famille. Le chef de famille, un homme d'une cinquantaine d'années, nous a accueillis avec une dignité touchante, malgré son handicap. Il nous a raconté son histoire : victime d'un grave accident de la route quelques années auparavant, il avait perdu l'usage de ses jambes et ne pouvait plus travailler. Depuis lors, sa vie et celle de sa famille étaient devenues un combat quotidien pour survivre.

Il nous a expliqué comment il parvenait à nourrir ses enfants. Chaque jour, il les envoyait chez le chef du village, où ils recevaient un repas à midi. Le soir, la famille se contentait souvent d'un simple couscous mélangé à de l'eau, un repas frugal qui suffisait à peine à calmer leur faim. En écoutant son récit, je ne pouvais m'empêcher de ressentir une profonde tristesse mêlée d'admiration pour sa résilience.

Alors que le brave homme s'exprimait avec sérénité et noblesse, sa femme, assise à ses côtés, paraissait de plus en plus inconfortable. Ses yeux, qui évitaient son regard, et sa posture nerveuse révélaient une détresse refoulée. Finalement, elle s'est levée en silence et a fait quelques pas en se retirant derrière l'arbre situé juste devant leur chambre. Je l'ai observée attentivement, percevant un besoin de solitude, peut-être de calme. Ensuite, j'ai perçu des pleurs étouffés, presque honteux, comme si elle désirait verser des larmes sans déranger, sans alourdir davantage le poids de la conversation. Peu de temps après, sa fille, une fillette d'environ dix ans, s'est jointe à elle. Sans saisir totalement la situation, elle s'est approchée, s'est enfoncée contre elle et lui a demandé d'une voix tendre, presque un murmure : « Maman, qu'est-ce qui se passe ? Pourquoi tu pleures ? »

Cette scène m'a fortement touché. L'innocence de l'enfant offrait un contraste saisissant avec la rigueur de la vie environnante. Elle ne comprenait pas encore complètement les causes de cette souffrance, cependant elle en ressentait déjà l'ampleur. Son acte impromptu, sa douceur naturelle, dénotaient une puissance d'empathie que nul enseignement ne saurait créer. À ce moment précis, tout semblait en pause : les paroles du père, la peine de la mère, l'interrogation de l'enfant, tout pointait vers une vérité fréquemment occultée, celle d'une vie rythmée par le vide, les renoncements, l'angoisse, mais également par une dignité remarquable. Cette disparité m'a fait prendre conscience qu'au-delà des chiffres et des études se trouvent des visages, des silences, des regards et des larmes qui témoignent de la complexité de la situation.

J'ai échangé un regard avec Pape Diallo, et nous avons compris qu'il était temps de partir. Nous avons laissé les provisions que nous avions apportées, en espérant qu'elles apporteraient un peu de réconfort à cette famille. En repartant, je ne pouvais m'empêcher de penser à l'injustice de leur situation et à la nécessité de faire plus pour aider ceux qui vivent dans de telles conditions.

Ce jour-là, la pauvreté m'est apparue non pas comme une simple statistique, mais comme une réalité humaine, complexe et douloureuse. En partant de cette maison, un changement s'était opéré. Ce n'était pas simplement un autre témoignage, mais une rencontre qui humanisait la souffrance. Ce que nous venions d'observer n'était pas un incident isolé, mais le miroir silencieux d'un malaise plus profond, d'une défaillance systémique que de nombreuses études effleurent sans véritablement comprendre.

Elle m'a rappelé l'importance de l'empathie, de la discrétion et de l'action concrète pour apporter un peu de lumière dans l'obscurité de ceux qui souffrent en silence. Il devenait donc clair qu'appréhender la pauvreté nécessitait également de l'écouter, de la voir et de s'en approcher. Cette expérience m'a convaincu qu'il est nécessaire d'agir et de penser différemment, au-delà de l'émotion, pour que ces histoires ne soient pas de simples anecdotes, mais le catalyseur d'un changement authentique.

• Et si l'Afrique avait les clés de son développement

Cette expérience avait profondément changé ma perspective. Alors que notre véhicule traversait les paysages poussiéreux, je ne pouvais m'empêcher de faire le lien entre cette réalité de terrain et les discussions stratégiques auxquelles j'avais participé. Sur le chemin du retour, en discutant avec Pape Diallo, je lui ai raconté la rencontre que j'avais eue quelques semaines plus tôt avec une délégation venue d'Australie, dans un hôtel à Dakar. Cette délégation, composée d'experts en développement économique et social, était venue échanger avec des acteurs locaux sur les défis liés à la pauvreté en Afrique.

Cette rencontre avec la délégation australienne m'avait ouvert les yeux sur les défis complexes du développement, mais c'est en revenant aux enseignements de mon oncle, Sidy Diarry, que j'ai saisi l'importance des fondements culturels et moraux dans ce combat. Car si les discussions stratégiques analysent les mécanismes de la pauvreté et les solutions durables, elles, s'enracinent souvent dans des valeurs transmises depuis des générations. C'est avec lui, un matin d'août pluvieux comme tant d'autres, autour d'une tasse de thé fumant qui nous servait de petit déjeuner, que j'ai découvert les sept serments peuls. Il ne s'agissait pas de simples formules transmises par habitude, mais de paroles chargées d'histoire et de sens, comme des pierres de fondation sur lesquelles repose toute une éthique de vie :

1. *Nous ne volerons pas.*
2. *Nous ne mentirons pas.*
3. *Nous n'aurons jamais peur.*
4. *Nous ne trahirons pas.*
5. *Nous n'aliénerons pas les liens de parenté.*
6. *Nous ne romprons pas le pacte de promesse.*
7. *Tout bien sera partagé.*

Sidy Diarry n'était pas seulement un homme de parole, il était un homme de cœur. À Malika, il reste dans les mémoires comme un pilier de sagesse et d'humanité. Il donnait sans se montrer, aidait sans s'imposer, et portait en silence le poids des douleurs qu'on lui confiait. Sa générosité n'était pas un geste, c'était un mode d'être.

Aux côtés de cet homme habité par la dignité et la bonté, j'ai appris que les valeurs n'ont de sens que lorsqu'elles s'incarnent dans les gestes du quotidien. Les sept serments, je ne les ai pas seulement retenus par cœur : je les ai vus vivre, dans ses actes, dans son regard, dans sa manière de parler aux gens.

• Pauvreté, solidarité et morale partagée

C'est là, dans cette cour de Malika, entre le bruit du thé qui bout et les crépitements de la pluie diluvienne, que j'ai compris ce qu'était véritablement l'héritage.

Ces principes ne sont pas des abstractions lointaines. Ils sont vécus, transmis, murmurés en pular, langue d'éleveurs et de sages, qui façonne une vision du monde fondée sur l'intégrité, le respect, la solidarité et la responsabilité. Mis en rapport avec la gouvernance, ce serment trouve tout son sens et sa pertinence pour influer sur la lutte contre la pauvreté. Car, à travers ces engagements, c'est une éthique de la gestion publique et du vivre-ensemble qui se dessine.

La dimension morale de ce serment prend toute sa force lorsqu'on l'applique à des enjeux concrets comme la lutte contre la corruption, ce fléau silencieux qui fragilise les institutions, détourne les ressources publiques et aggrave les inégalités. « Nous ne volerons pas » ne désigne pas seulement le vol ordinaire, mais condamne tout abus de pouvoir, tout détournement de fonds, toute trahison de la confiance collective. De même, « Nous ne mentirons pas » est un appel à la transparence, à la vérité dans l'action publique. Ce socle moral, s'il était réellement intériorisé et valorisé dans les sphères de décision, pourrait contribuer à restaurer la confiance entre gouvernants et gouvernés.

Si ces serments peuls tracent la voie d'une gouvernance intègre, leur transmission même repose sur un pilier invisible, mais vital : la langue maternelle qui les porte. Car comment ces principes pourraient-ils vraiment inspirer une société lorsque les mots mêmes qui les incarnent s'éteignent sur les lèvres des nouvelles générations ? L'histoire d'un ami pakistanais avec qui je travaillais à New York révèle cette vérité douloureuse : là où la langue recule, c'est tout un système de valeurs qui vacille. Le pular n'est pas simplement un outil de communication, il est la chair vivante de ces serments, le véhicule indispensable de cette sagesse collective. Sans lui, les « Nous ne volerons pas » et « Nous ne mentirons pas » risquent de devenir des formules creuses, détachées de leur puissance transformatrice.

La pauvreté culturelle, bien que moins visible que la pauvreté matérielle, constitue pourtant un déterminant important. Le noyau de la culture réside dans la langue, et le fait de négliger nos langues maternelles dans le système éducatif représente l'une des plus grandes entraves à notre développement. Cela me rappelle les confidences de mon ami pakistanais :

« Je dois travailler dur pour assumer toutes les dépenses, car ma femme ne travaille pas. Elle se consacre à l'éducation des enfants et leur parle ma langue maternelle pour éviter qu'ils ne perdent leur héritage culturel. »

Cette anecdote illustre avec force que la préservation de la langue maternelle transcende le cadre linguistique : elle devient un acte de résistance culturelle, un moyen de préserver les valeurs qui façonnent les comportements. L'abandon de la langue maternelle, c'est aussi l'effacement progressif d'un cadre de pensée enraciné dans une éthique communautaire. À l'échelle collective, cela compromet notre capacité à penser de manière autonome, à innover selon nos réalités, à gouverner selon des valeurs qui nous sont propres.

J'ai l'habitude de dire qu'un Peul qui ne parle pas le pular, ou un Mandingue qui ignore sa langue, s'appauvrit culturellement. Ce déracinement linguistique crée une fracture identitaire et morale, où l'individu perd le lien entre parole, responsabilité et communauté. Aucun pays ne s'est jamais développé durablement en reposant uniquement sur une langue étrangère. L'histoire montre que les nations qui ont réussi à bâtir des institutions solides, comme le Japon, la Corée du Sud ou la Finlande, ont fait de leur langue un levier de souveraineté intellectuelle, d'innovation et de cohésion.

Il est donc urgent de réhabiliter nos langues dans tous les domaines : éducation, administration, médias, gouvernance. Valoriser nos langues, c'est réactiver les valeurs qu'elles portent, les engagements qu'elles véhiculent et les visions du monde qu'elles transmettent. C'est aussi reconnaître que la lutte contre la pauvreté ne peut être efficace sans une base morale partagée, enracinée dans nos cultures. La langue n'est pas seulement un moyen de dire : elle est une manière d'être, de penser et de décider. Et c'est à partir de là que peut émerger une gouvernance capable de répondre à nos défis avec lucidité, courage et équité.

Si la pauvreté culturelle et linguistique constitue un frein majeur au développement, elle n'en est qu'une des dimensions. Une analyse plus large s'impose pour appréhender l'ensemble des facteurs en jeu. C'est d'ailleurs ce qui avait été abordé lors de cette rencontre : il avait été question de définir les causes de la pauvreté, un sujet complexe et multidimensionnel. En effet, il est essentiel de comprendre les racines d'un phénomène avant de s'attaquer à ses manifestations visibles. Sans cette compréhension, les solutions risquent d'être superficielles ou inefficaces.

Après deux heures de remue-méninges intenses et fructueux, nous étions arrivés à la conclusion suivante : les causes profondes de la pauvreté résident principalement dans la structure mentale, tandis que les causes apparentes sont liées à l'environnement.

- La structure mentale fait référence aux croyances, aux attitudes et aux comportements qui peuvent limiter la capacité des individus ou des communautés à sortir de la pauvreté. Par exemple, un manque de confiance en soi, une résistance au changement ou une vision fataliste du destin peuvent perpétuer des cycles de pauvreté. Ces facteurs internes sont souvent influencés par l'éducation, la culture et les expériences passées.

- L'environnement, quant à lui, englobe les facteurs externes tels que l'accès aux ressources, les infrastructures, les politiques économiques, les inégalités sociales et les conditions climatiques. Par exemple, l'absence d'un véritable accès au savoir, qu'il s'agisse de l'école formelle ou des formes d'apprentissage ancrées dans la culture locale, tout comme la difficulté d'obtenir de l'eau potable ou des emplois décents, peuvent maintenir des communautés entières dans une situation de précarité.

Cette distinction entre causes profondes et causes apparentes est cruciale pour élaborer des stratégies de lutte contre la pauvreté. S'attaquer uniquement aux causes apparentes, comme le manque de ressources, sans travailler sur les mentalités et les croyances, risque de ne produire que des résultats temporaires. À l'inverse, agir sur les structures mentales sans améliorer les conditions matérielles peut également s'avérer insuffisant.

- **Relativiser les indices du couple richesse/pauvreté**

En définitive, cette discussion avec Pape Diallo m'a rappelé l'importance d'une approche holistique et équilibrée. Combiner des actions sur le plan éducatif et culturel pour transformer les mentalités, tout en améliorant les conditions matérielles et environnementales, semble être la voie la plus prometteuse pour réduire durablement la pauvreté.

Mais au-delà de ces dimensions psychologiques et structurelles, une autre question essentielle mérite d'être soulevée : comment la pauvreté est-elle définie et mesurée ? Cette interrogation m'a particulièrement marqué lors de mon voyage au Bénin[5], en 2015, où je participais à un atelier sur l'outil d'évaluation participative PADEV (Participatory Assessment and Development Evaluation), à Alafiarou, une localité située à 475 km au nord de Cotonou.

---

[5] Le Bénin est un pays d'Afrique de l'Ouest bordé par le Togo à l'ouest, le Nigeria à l'est, et le Burkina Faso et le Niger au nord. Sa capitale politique est Porto-Novo, tandis que Cotonou constitue son principal centre économique.

Une rencontre avait rassemblé des membres de communautés locales et des experts du développement pour discuter du concept de richesse. Ce moment fut révélateur. Les définitions variaient considérablement : certains fondaient la richesse sur le nombre de têtes de bœufs possédées, d'autres sur les hectares de terres cultivées, ou encore sur la capacité à nourrir sa famille et à participer activement à la vie de la communauté.

Ces discussions ont mis en évidence une chose essentielle : la perception de la pauvreté ou de la richesse dépend fortement du contexte local, de l'activité économique dominante et des normes culturelles. Une personne peut être considérée comme pauvre selon les critères statistiques internationaux, alors qu'elle est jugée prospère et respectée dans sa propre communauté.

Cela montre à quel point les indicateurs standards, comme le seuil de pauvreté fixé à 3 dollars par jour et par personne, sont insuffisants pour refléter la réalité vécue sur le terrain. Ils ignorent souvent les systèmes d'échange non monétaires, les formes locales de résilience, les réseaux de solidarité et les modes de vie adaptés au milieu.

C'est pourquoi la pauvreté, telle qu'elle est définie et calculée, doit être relativisée pour tenir compte du niveau de vie réel des populations, du contexte local et du coût de la vie. Il est impératif d'intégrer ces dimensions qualitatives dans l'analyse et la conception des politiques publiques.

Cette réflexion sur les solutions durables me ramène à une conversation révélatrice que j'ai eue pendant la récréation au Baruch College de New York, alors que nous prenions notre café à la cafétéria. Un camarade de classe, un Asiatique, m'avait posé une question qui, de prime abord, m'avait paru offensante : « Pourquoi l'Afrique est-elle pauvre ? ». Ma réponse avait été claire : l'Afrique n'est pas pauvre. En réalité, son sous-sol est l'un des plus riches au monde, regorgeant de ressources naturelles. Sur le plan humain, les Africains excellent partout, dans tous les domaines, que ce soit dans les sciences, les arts ou le sport. Le seul frein à son développement reste la gouvernance, qui, malheureusement, continue d'entraver son plein essor.

Mais au-delà de la gouvernance, ce qui est préoccupant, c'est que beaucoup d'Africains n'ont pas encore conscience de leur force. Nous n'avons pas pleinement pris conscience de notre véritable potentiel, ni de la nécessité de nous unir, de travailler ensemble et de nous organiser pour construire l'Afrique que nous voulons.

Cette histoire démontre l'ampleur des défis à relever pour modifier la perception négative que beaucoup de gens ont de l'Afrique. On a tendance à réduire le continent à une suite de clichés : misère, guerres, instabilité politique, famine. Ces visions simplistes et rigides masquent la diversité, l'abondance culturelle, l'ingéniosité et les dynamiques d'innovation qui caractérisent un grand nombre de sociétés africaines. Ces représentations ont un impact sur les politiques de coopération, les investissements étrangers et même les aspirations de la jeunesse africaine, qui finit parfois par intérioriser cette image dévalorisante.

Cependant, sous ces stéréotypes se trouve un continent regorgeant de potentiel. L'Afrique est riche en ressources naturelles, possède une population jeune et active, bénéficie d'une culture entrepreneuriale tenace et abrite des initiatives locales qui proposent des solutions innovantes aux défis quotidiens. Des innovations voient le jour dans les secteurs de l'agriculture, de l'énergie, du numérique et de la santé, de Lagos à Dakar, en passant par Nairobi et Rabat. Des esprits brillants se forment au sein des universités, des communautés rurales explorent des formes de coopération organisationnelle, tandis que des artistes et des intellectuels repensent les récits. L'exemple le plus marquant est la réécriture de *l'Histoire générale de l'Afrique*, un travail monumental qui a vu la participation de célèbres intellectuels africains, comme le Burkinabè Joseph Ki-Zerbo et le Congolais Théophile Obenga, entre autres.

C'est précisément à ces obstacles que les Africains doivent s'attaquer, avec clarté et résolution. Modifier l'image de l'Afrique ne se limite pas à un défi symbolique ou diplomatique : c'est un levier essentiel pour stimuler les énergies, générer des opportunités, attirer des ressources et établir des trajectoires de développement plus équitables et davantage ancrées dans les réalités locales. Cela nécessite un travail approfondi dans les domaines de l'éducation, des médias, de la production de connaissances et de l'élaboration des politiques publiques.

Façonner une nouvelle réalité africaine, c'est donner naissance à un récit différent. Un récit où les ressources du continent, qu'elles soient physiques ou humaines, ne seront plus perçues comme des fardeaux ou des richesses à exploiter de l'extérieur, mais comme des leviers de transformation durable de nos sociétés. L'objectif est de recentrer le développement sur les Africains eux-mêmes, en valorisant leur intelligence collective, leur capacité d'adaptation et leur ingéniosité trop souvent sous-estimées. Cela ne se fera pas sans obstacles ni contradictions, mais c'est une ambition indispensable si nous voulons construire un avenir où l'Afrique ne sera plus seulement regardée à travers le prisme de ses défis, mais reconnue pour ses solutions.

• Les dimensions culturelles des stratégies de développement

Cette expérience sur le terrain a suscité en moi un certain nombre de réflexions, notamment sur la pertinence des modèles économiques appliqués jusqu'ici par les pays africains, dont le Sénégal. En effet, malgré les efforts déployés pour stimuler la croissance et réduire la pauvreté, les résultats restent souvent en deçà des attentes. J'ai toujours défendu l'idée selon laquelle le développement est avant tout une question de mode de pensée, d'attitude et de comportement.

L'histoire nous montre que les sociétés qui ont connu un essor durable sont celles qui ont su cultiver une mentalité tournée vers l'innovation, la responsabilité collective et l'adaptabilité. Le développement ne se résume pas à l'accumulation de ressources ou à la simple adoption de technologies ; il repose fondamentalement sur la capacité d'une communauté à penser différemment, à remettre en question ses limites et à adopter des comportements productifs.

Par exemple, une société qui valorise l'éducation, le mérite et la persévérance créera naturellement les conditions de sa propre progression. À l'inverse, même les ressources les plus abondantes peuvent être gaspillées si les mentalités restent figées dans la passivité, la dépendance ou la résistance au changement.

C'est pourquoi je considère que tout véritable processus de développement doit commencer par une évolution des esprits, car c'est dans la manière de penser et d'agir que réside le germe du progrès. Cette affirmation rejoint les causes profondes de la pauvreté, qui ne se résument pas uniquement à des facteurs économiques, mais aussi à des dimensions sociales et culturelles.

Le développement ne peut se limiter à des indicateurs économiques ; il doit également inclure la capacité des individus à vivre selon leurs valeurs et à participer activement à la vie de leur communauté.

Ainsi, il est essentiel de faire preuve davantage d'innovation, de créativité et d'authenticité pour concevoir des modèles de développement qui intègrent à la fois la dimension culturelle et les avancées technologiques, comme le développement de l'intelligence artificielle (IA)[6]. Par exemple, cette nouvelle technologie considérée comme révolutionnaire, pourrait être utilisée pour valoriser les savoirs locaux, améliorer l'accès à l'éducation ou optimiser la gestion des ressources naturelles, tout en respectant les spécificités culturelles des populations concernées.

Dans cette optique, former des intervenants locaux pour leur permettre de se familiariser avec les outils numériques et d'être aptes à provoquer le changement est jugé prioritaire. Qu'il s'agisse de femmes impliquées dans le développement, de responsables de la communauté, de spécialistes en agriculture ou d'entrepreneurs, ces individus sont indispensables à la diffusion des bonnes pratiques et à l'accompagnement des projets au niveau local. Ainsi, ils deviennent des éléments essentiels pour assurer la durabilité des projets et leur adoption par les communautés. Il est vrai que l'optimisation des compétences en matière d'informatique va grandement améliorer les performances de ces intervenants au niveau local.

Au demeurant, si l'on examine les différentes stratégies mises en œuvre au Sénégal, des programmes d'ajustement structurel (PAS) des années 1980-1990 au Plan Sénégal Émergent (PSE), on constate que la prise en compte de la dimension culturelle a souvent été marginale, voire négligée. Les PAS, par exemple, se sont concentrés sur la stabilisation

---

[6] L'intelligence artificielle (IA) désigne un ensemble de techniques informatiques permettant à des machines de simuler des capacités cognitives humaines, telles que l'apprentissage, le raisonnement, la perception et la prise de décision. Elle est utilisée dans de nombreux domaines, allant de la santé et l'agriculture à la finance et aux technologies numériques.

macroéconomique et la libéralisation des marchés, mais ont largement ignoré les impacts sociaux et culturels de ces réformes. Ces programmes ont souvent exacerbé les inégalités et fragilisé les structures sociales locales, sans pour autant générer une croissance inclusive. De même, le Plan Sénégal Émergent, bien qu'ambitieux et porteur d'espoir, semble accorder une place limitée aux spécificités culturelles du pays. Pourtant, l'Afrique ne pourra se développer durablement qu'en s'appuyant sur ses propres valeurs, ses savoirs endogènes et ses modes d'organisation sociale. Ignorer cette dimension, c'est risquer de créer des modèles inadaptés aux réalités locales et donc peu durables.

C'est précisément cette articulation entre héritage culturel et modernité qui doit guider la refonte des politiques de développement, car c'est en s'enracinant dans les réalités locales que les stratégies économiques gagnent en légitimité et en efficacité. La culture joue un rôle fondamental dans le développement, car elle influence les comportements, les aspirations et les modes de vie des populations. Par exemple, au Sénégal, les traditions de solidarité communautaire, comme les dahiras (groupes religieux) ou les tontines (systèmes d'épargne collective), pourraient être intégrées dans des modèles économiques modernes pour renforcer la résilience des populations. Des organisations comme les dahiras (à l'exemple de Hizbut Tarqiyyah, Vision 129, le Xadara de Malika ou Moujahidine Filahi de Malika) illustrent parfaitement ce potentiel : par leur envergure et la diversité des compétences qu'elles mobilisent, elles servent d'espaces d'incubation pour des projets innovants, tout en s'appuyant sur des valeurs communautaires. Leur force réside dans leur capacité à susciter l'adhésion des membres, garantissant ainsi la pérennité des initiatives. En associant traditions et modernité, ces structures pourraient inspirer des modèles de développement endogène, où l'appropriation collective prime.

De même, les industries culturelles, comme la musique, le cinéma ou l'artisanat, représentent un potentiel économique considérable, encore largement sous-exploité. Les secteurs culturels peuvent contribuer à la création d'emplois, à la cohésion sociale et à la préservation du patrimoine. Là encore, les dynamiques locales, à l'image des réseaux religieux ou associatifs, pourraient servir de tremplin pour structurer ces filières, en y intégrant des mécanismes de suivi et des partenariats public-privé, sans sacrifier leur ancrage culturel.

En intégrant ces dimensions culturelles dans les stratégies de développement, le Sénégal et les autres pays africains pourraient non seulement stimuler la croissance économique, mais aussi renforcer l'identité et la fierté des populations. Une approche qui valorise à la fois les héritages communautaires, comme le dahira, et les innovations sectorielles serait gage d'un progrès à la fois inclusif et durable.

Ce progrès inclusif et durable ne pourra toutefois se concrétiser sans une refonte profonde des paradigmes de développement actuels. En effet, pour relever les défis du développement et de la lutte contre la pauvreté, il est essentiel de repenser les modèles économiques en plaçant la culture au cœur des stratégies. Cela implique de valoriser les savoirs locaux, de renforcer les capacités endogènes et d'adopter des approches innovantes qui intègrent les réalités sociales et culturelles. Comme l'a écrit Cheikh Anta Diop dans *Nations nègres et culture* (1954), l'Afrique ne pourra se développer qu'en s'appuyant sur ses propres fondements culturels et historiques. C'est à cette condition que le continent pourra construire un avenir prospère et inclusif, tout en tirant parti des avancées technologiques comme l'intelligence artificielle.

Cette nécessaire réconciliation entre culture et développement trouve d'ailleurs des échos dans l'histoire économique mondiale, où certains pays ont su tirer parti de leurs spécificités culturelles pour bâtir des modèles de croissance originaux.

- **Les racines du progrès : pour une économie sénégalaise portée par les territoires**

L'histoire offre des exemples concrets de modèles économiques inspirés de métaphores culturelles. Le Japon, par exemple, s'est appuyé sur le *Flying Geese Paradigm*[7], une approche qui s'inspire du plan de vol des oies sauvages. Ce modèle économique a reposé sur trois phases successives : l'importation de produits finis, leur substitution progressive par une production domestique, puis l'exportation de ces produits une fois la production maîtrisée. Entre 1950 et 1970, cette stratégie a permis au Japon de structurer son industrialisation en étapes progressives, favorisant ainsi une montée en gamme et une insertion compétitive dans le commerce international.

Dans cette perspective, il serait pertinent pour le Sénégal de s'inspirer du baobab, un arbre emblématique du pays, dont les racines profondes symbolisent les communes. En effet, le baobab, par sa robustesse et son enracinement, illustre parfaitement l'idée d'un développement économique endogène et structuré autour des collectivités locales. Ainsi,

[7] Le Flying Geese Paradigm (ou paradigme des oies sauvages) est un modèle de développement économique comparatif, élaboré par le chercheur japonais Kaname Akamatsu dans les années 1930-1960. Il décrit la diffusion progressive de l'industrialisation entre pays d'Asie, où les nations les plus avancées dans certains secteurs industriels servent de « tête de file » et entraînent les pays moins développés dans leur sillage, favorisant un processus de rattrapage économique en chaînes successives.

au lieu d'une approche descendante où les décisions économiques sont prises au sommet et appliquées uniformément, il s'agirait de privilégier une stratégie ascendante. Chaque commune, en fonction de ses spécificités et de ses potentialités, pourrait jouer un rôle moteur dans la dynamique nationale.

Cette approche, inspirée du modèle organique du baobab, s'inscrit dans une dynamique mondiale où les territoires jouent un rôle central dans le développement.

Un tel modèle permettrait non seulement de renforcer l'autonomie économique des collectivités locales, mais aussi de créer des pôles de croissance à l'échelle territoriale. En misant sur les ressources et les compétences locales, le Sénégal pourrait bâtir un développement plus inclusif et durable, enraciné dans ses valeurs culturelles tout en intégrant les innovations technologiques et économiques contemporaines.

Passer de ce potentiel théorique à une transformation concrète nécessitera trois leviers essentiels.

D'abord, un assainissement des pratiques de décentralisation s'impose. Il ne s'agit pas seulement de transférer des compétences, mais aussi de garantir la transparence, la redevabilité et la bonne gouvernance au niveau local. Cela suppose de clarifier les responsabilités entre l'État, les collectivités et les services techniques, tout en assurant une répartition équitable des ressources financières.

Ensuite, la montée en compétence des acteurs locaux constitue une condition décisive. Les élus, les techniciens et les organisations communautaires doivent être formés non seulement à la gestion administrative et financière, mais aussi à la planification territoriale, à la mobilisation des ressources et à la gestion participative. Cette professionnalisation permettra de transformer la décentralisation en véritable moteur de développement local.

Enfin, l'intégration systématique des innovations adaptées aux réalités communales représente le troisième pilier. Qu'il s'agisse d'outils numériques pour le suivi budgétaire, de solutions énergétiques décentralisées ou encore de la digitalisation de la gestion foncière et agricole, ces innovations doivent être conçues et utilisées dans une logique d'appropriation locale. C'est à cette condition que les communes pourront devenir des espaces dynamiques, capables de générer des solutions endogènes et durables au service des populations.

Pour ce faire, un certain nombre de mesures d'accompagnement et de réformes structurelles s'imposent. Les différentes réformes sur la décentralisation, de 1972 à 2014, ont eu comme dénominateur commun des calculs politiques, qui avaient fini par remplacer les objectifs réels des programmes à la base, souvent au détriment du développement local, comme c'est souvent le cas dans de nombreuses politiques de développement. Cette situation a limité l'efficacité des politiques de décentralisation et freiné l'émergence de pôles économiques locaux dynamiques. Or, si nous voulons que nos communes, aux potentialités énormes et diversifiées, deviennent les fers de lance de notre économie, il va falloir, sans nul doute, mettre l'accent sur la qualité des ressources humaines, l'éthique et la bonne gouvernance.

Cela passe notamment par la définition d'un profil exigeant pour les maires, les présidents de conseils départementaux et les conseillers municipaux et départementaux, en insistant particulièrement sur leur niveau d'instruction, leur compétence technique et leur capacité de gestion. En effet, une gouvernance efficace repose sur des leaders locaux compétents, capables de concevoir et de mettre en œuvre des stratégies adaptées aux réalités économiques et sociales de leurs territoires. Ainsi, il devient impératif non seulement d'établir des critères de sélection rigoureux pour les élus locaux et de renforcer leurs capacités par des formations continues adaptées, mais aussi d'éveiller les consciences des populations. Celles-ci doivent être accompagnées pour devenir actrices et promotrices de leur propre développement, plutôt que de rester dans une posture d'attente face à des solutions importées, souvent conçues par des « faiseurs de développement » éloignés des réalités du terrain.

Pourtant, la réalité sur le terrain révèle parfois un tout autre tableau, bien éloigné des standards de qualité exigés par les évolutions du monde actuel. Un jour, après avoir exposé un projet devant les autorités locales et régionales, un maire invité à la rencontre s'est approché de moi pendant la pause-café. Avec un ton à la fois respectueux et gêné, il m'a demandé, en toute simplicité, de lui réexpliquer ce que je venais de présenter… mais cette fois dans la langue locale.

Sur le moment, j'ai été pris de court. Ce n'était pas une question de clarté du discours ni de vocabulaire trop technique ; c'était plus fondamental : il ne comprenait pas le français, ou du moins pas suffisamment pour suivre une présentation sur un projet de développement. Cette interpellation, aussi anodine qu'elle puisse paraître, a confirmé des inquiétudes profondes que je portais déjà : comment espérer bâtir une vision de développement cohérente et durable si ceux qui sont censés la porter au niveau local ne maîtrisent pas les outils de base de la communication, de la gestion ou de la planification ?

Cela pose une question lourde de conséquences : comment un maire, peu scolarisé ou non alphabétisé dans les langues locales, peut-il impulser une dynamique de transformation dans sa commune, dialoguer avec les partenaires techniques et financiers, ou même simplement défendre les intérêts de sa communauté ? Le constat est brutal, mais nécessaire : sans un investissement massif dans la formation et l'accompagnement des élus locaux, les politiques de décentralisation risquent de rester lettre morte, incapables de produire le changement attendu sur le terrain.

Face à ce constat, il devient urgent d'agir pour renforcer les capacités des acteurs locaux et mettre en place des solutions adaptées. Concrètement, cela implique de moderniser les outils de gestion communale, en introduisant des pratiques de bonne gouvernance et des mécanismes de contrôle et de transparence pour assurer une utilisation optimale des ressources publiques. Il est également essentiel de valoriser les spécificités locales en encourageant les initiatives économiques adaptées aux réalités territoriales. L'agriculture, l'artisanat, le tourisme ou encore les énergies renouvelables constituent des secteurs clés qui pourraient dynamiser l'économie locale et renforcer l'autonomie financière des communes.

Cependant, ces potentialités locales ne pourront pleinement se concrétiser sans une coordination stratégique entre tous les acteurs du développement territorial. Dans cette optique, une collaboration étroite entre l'État, les collectivités locales et le secteur privé sera indispensable pour créer un écosystème favorable au développement communal. L'État devra jouer un rôle de facilitateur en mettant en place un cadre réglementaire incitatif et une fiscalité locale équitable, répondant aux attentes des autorités territoriales. Le secteur privé, quant à lui, pourra investir dans des projets à fort impact local, favorisant ainsi l'emploi et la création de richesses. Les partenariats public-privé seront un levier clé pour la mise en œuvre d'infrastructures de base et de projets structurants à l'échelle communale.

Cette synergie entre acteurs publics et privés ne prendra toutefois son plein sens que si elle s'inscrit dans une vision territoriale harmonieuse, à l'image du baobab dont les racines nourrissent l'ensemble de l'écosystème qui l'entoure. En somme, en s'inspirant du baobab et de ses racines profondes, le Sénégal pourrait bâtir un modèle de développement endogène et durable, où les communes joueraient un rôle central dans la transformation économique et sociale du pays. Cette approche permettrait non seulement de réduire les inégalités territoriales, mais aussi de renforcer la résilience des communautés locales face aux défis économiques et environnementaux. Par cette vision, chaque commune pourrait devenir un pôle de croissance à part entière, contribuant ainsi à l'émergence d'un Sénégal économiquement prospère et socialement équitable.

Chapitre V

Repenser le développement rural : surmonter les obstacles pour des projets durables et inclusifs

Dans le cadre de nos missions, j'ai eu l'occasion de suivre et d'analyser plusieurs projets de développement rural. J'ai ainsi constaté l'échec récurrent de certaines initiatives, des échecs qui auraient pu être évités avec une meilleure préparation en amont, une coordination plus rigoureuse entre les parties prenantes et une adaptation plus fine aux réalités locales.

• Leçons d'un projet inachevé

L'un des exemples les plus marquants est celui du projet agricole de Kangarlo. Il s'agissait d'un programme ambitieux, axé sur l'exploitation de dix (10) hectares de terres cultivables, avec en complément la construction d'un magasin de stockage destiné à faciliter la conservation et la commercialisation des récoltes. Le projet visait à renforcer la sécurité alimentaire locale tout en créant des opportunités économiques pour les agriculteurs de la zone.

Comme d'habitude, une session de formation sur les outils de suivi-évaluation a eu lieu à l'épicentre de Dinguiraye, dans la salle de conférence de ce village du département de Bambey. Un atelier, destiné à renforcer les capacités des acteurs locaux en matière de gestion et d'évaluation des projets, avait rassemblé une diversité de participants. Parmi eux figuraient les animateurs spécialisés en suivi-évaluation, chargés de collecter les données pour le compte de l'ONG au niveau des villages d'intervention et de transmettre les bonnes pratiques, ainsi que les membres du bureau de l'épicentre, qui jouent un rôle clé dans la coordination des activités sur le terrain.

Parmi ces membres, Ami Kassé, une femme d'âge mûr, se distinguait par son dynamisme et son engagement profond pour le développement de sa communauté. Dotée de prestance et d'une grande éloquence, elle répondait avec aisance et précision à la plupart des questions soulevées lors des échanges. Ses interventions, toujours pertinentes, reflétaient une connaissance approfondie des enjeux locaux, qu'il s'agisse des défis agricoles, des problématiques d'accès à l'eau ou des dynamiques sociales propres à la commune.

Cette formation, comme les autres, était donc bien plus qu'un simple transfert de connaissances techniques. Elle représentait un espace de dialogue et de collaboration, où des acteurs aux profils variés pouvaient partager leurs expériences, confronter leurs points de vue et coconstruire des solutions adaptées aux réalités du terrain. Ami Kassé, par sa présence et ses contributions, incarnait parfaitement cet esprit de collaboration et de responsabilité collective, essentiel pour la réussite des projets de développement.

Au cours des discussions, la question de l'échec du projet agricole de Kangarlo avait été soulevée, mettant en lumière plusieurs dysfonctionnements majeurs. J'ai été surpris d'apprendre que ce projet n'avait pas bénéficié de l'adhésion de certains villageois, principalement parce qu'il avait été implanté dans un petit village sans une réelle consultation des habitants. Cette situation met en lumière une problématique récurrente dans la conception des projets de développement : l'importance de prendre en compte les réalités socioculturelles et les spécificités des communautés concernées. En effet, la dimension socioculturelle joue un rôle crucial dans la réussite ou l'échec des projets en milieu rural. Ignorer cette dimension peut conduire à des initiatives mal adaptées, voire rejetées par les populations locales.

Cette réflexion théorique sur l'importance de l'ancrage socioculturel des projets a trouvé un écho concret dans les échanges informels qui ont suivi l'atelier. À la fin de l'atelier, en compagnie de quelques membres de l'épicentre, dont Modou Fall, conseiller municipal de la commune de Dinguiraye et habitant du village de Ndatou, nous avons entamé une discussion informelle. Modou Fall, reconnu pour son engagement en faveur du développement local et sa connaissance approfondie des dynamiques communautaires, s'est rapidement imposé comme un interlocuteur précieux. Alors que nous quittions la salle de conférence, il m'a proposé de m'accompagner jusqu'à Kangarlo, un village voisin où le projet agricole avait été implémenté. Cette invitation était l'occasion idéale pour mieux comprendre les raisons de cet échec et échanger sur les défis rencontrés par les communautés rurales.

Tout en marchant sur une piste latéritique, défoncée et parsemée de traces laissées par les charrettes et les motos, Modou Fall a levé un pan du voile sur les goulots d'étranglement concernant le projet de Kangarlo. Ses propos, nourris par une expérience de terrain solide et une proximité avec les villageois, ont révélé des aspects souvent négligés dans la conception des projets de développement : les croyances et les pratiques socioculturelles locales. Il m'a expliqué que, malgré les bonnes intentions derrière le projet agricole, celui-ci n'avait pas réussi à s'implanter durablement dans la communauté. Selon lui, cela était dû en grande partie à un manque de consultation des villageois et à une méconnaissance des réalités culturelles et sociales qui façonnent leur quotidien.

Le trajet jusqu'à Kangarlo, bien que court, a été riche en enseignements. Modou Fall a partagé des anecdotes sur la vie du village, les relations entre les familles et les défis auxquels les habitants sont confrontés, comme l'accès à l'eau, la gestion des terres et les tensions liées à la répartition des ressources. Ces échanges ont mis en lumière l'importance de prendre en compte ces dimensions immatérielles, mais essentielles, pour garantir la réussite des initiatives de développement.

Après quelques minutes de marche, nous arrivâmes à Kangarlo, un petit village d'une centaine d'habitants, niché au cœur d'un paysage rural marqué par des champs cultivés et des baobabs majestueux. L'atmosphère y était paisible, mais derrière cette tranquillité apparente se cachaient des défis complexes. Le village, bien que modeste en taille, était un microcosme des enjeux auxquels font face de nombreuses communautés rurales : isolement géographique, manque d'infrastructures et dépendance accrue aux aléas climatiques.

Notre arrivée suscita une certaine curiosité parmi les villageois, habitués à voir des visiteurs de passage, mais toujours attentifs aux opportunités que pourraient apporter de nouvelles initiatives. Modou Fall, en tant que figure respectée et bien connue dans la commune, servit de pont entre les habitants et moi, facilitant les échanges et créant un climat de confiance. Cette visite était une opportunité pour moi de voir de près les réalités du terrain et de mieux comprendre les raisons profondes de l'échec du projet agricole, tout en recueillant les perspectives des principaux concernés : les villageois eux-mêmes.

Ce premier contact avec les villageois et moi s'est déroulé dans un respect mutuel ; il faut dire que Modou Fall y a joué un rôle important en facilitant la rencontre. La présence modératrice de cette personne-ressource, très respectée dans la localité, nous a naturellement aidés à respecter une règle sacro-sainte de bienséance qu'il ne faut jamais omettre : la prise de contact avec le chef du village. Dans ces milieux ruraux, que les traditions continuent de régir, il est inimaginable d'initier quelque chose d'important sans, au préalable, saluer l'autorité coutumière et lui en parler de prime abord. C'est ainsi que nous avons dépassé l'arbre à palabres, lieu traditionnel de toutes les rencontres villageoises, avant d'atteindre le domicile du vieux Guéne, composé de cases entourées de palissades. Gardien des mémoires locales, il demeure l'un des derniers dépositaires d'une histoire que seuls les anciens ont encore la chance de raconter.

Comme le veut la tradition dans la plupart des villages, on nous a offert de l'eau en signe de bienvenue. Modou Fall, qui connaissait bien le vieux Guéne, a procédé aux présentations et a expliqué l'objet de notre visite. Malgré son âge avancé, sa mémoire semblait intacte : le vieux Guéne nous raconta avec passion l'histoire du village, évoquant notamment le passage éphémère de Lat Dior Diop, une figure historique emblématique du Kayor. Il regrette le dépeuplement du village et nous explique, avec une pointe de nostalgie dans la voix : « là où vous voyez les arbres margousiers (au Sénégal cet arbre est couramment appelé Neem), c'est là que des familles entières vivaient autrefois. Chacun de ces arbres, robuste et silencieux, marque l'emplacement d'une maison aujourd'hui disparue, d'un foyer jadis animé de rires et de conversations, d'une histoire familiale gravée dans la mémoire des anciens. Ces troncs noueux, marqués par le temps, sont les derniers témoins d'une époque où le village vibrait d'une vie communautaire intense. Malheureusement, avec le temps, les difficultés économiques ont érodé les espoirs, le manque d'opportunités a étouffé les ambitions locales, et l'attrait des grandes villes, synonymes de travail et de modernité, a fini par peser sur leur décision. Un à un, les habitants ont plié bagage, laissant derrière eux les cases éventrées et les champs, autrefois vibrants de vie, désormais réduits à des étendues désolées où les herbes sauvages étouffaient les dernières traces de culture. Ce départ silencieux, presque fatal, marque la fin d'un cycle : celui d'une ruralité vivante, rythmée par les saisons et les liens communautaires. Aujourd'hui, tous ont rejoint Touba[8], la deuxième grande agglomération du Sénégal après Dakar, attirés par l'appel d'un avenir qu'on leur promet meilleur. Là-bas, dans le tumulte de la ville sainte, l'effervescence urbaine se mêle à une ferveur religieuse sans relâche, et dans cette fusion étrange de modernité et de spiritualité, chacun tente de redessiner son destin et de se refaire une nouvelle vie, à la lisière de l'espérance. Seuls ces arbres, gardiens immobiles du passé, racontent encore ce qui fut.

Ce constat révèle une réalité plus large, celle de l'exode rural qui touche de nombreux villages sénégalais. Les jeunes, en quête de travail et de meilleures conditions de vie, partent vers les centres urbains, laissant derrière eux des communautés vieillissantes et des terres autrefois prospères. Ce phénomène, bien que compréhensible, a des conséquences profondes : le dépeuplement des campagnes, la perte des traditions locales et un déséquilibre croissant entre les zones rurales et urbaines.

Pourtant, ce village, comme tant d'autres, recèle un potentiel inexploité. Les champs et les baobabs, symboles de résilience, pourraient aussi devenir les piliers d'un renouveau. Avec des initiatives adaptées, comme le

---

[8] Touba est la ville sainte du mouridisme au Sénégal, fondée à la fin du XIXe siècle par Cheikh Ahmadou Bamba. Elle possède une forte charge religieuse et spirituelle, avec le grand Magal de Touba attirant chaque année des millions de pèlerins. Dans les dernières décennies, Touba a acquis une nouvelle symbolique urbaine, devenant non seulement un centre religieux, mais aussi un pôle économique et social dynamique. Cette transformation contribue à un nouvel exode rural, les populations quittant les zones rurales environnantes pour s'installer dans la ville afin de bénéficier des opportunités économiques, éducatives et religieuses qu'elle offre.

développement de l'agriculture durable, la valorisation des produits forestiers, l'accès à l'éducation et aux soins, ou encore la création d'emplois locaux, il serait possible de redonner vie à ces lieux et d'encourager les jeunes à y revenir.

Abordant la question du projet agricole, le vieux Guéne détourna son regard avant de fixer le sol, sur lequel il dessinait, à l'aide d'un bout de bois, des schémas dont lui seul comprenait la signification. D'une voix basse, il nous dit qu'au début, il se réjouissait de ce projet agricole qui semblait prometteur. Son enthousiasme était partagé par toute la communauté, nourrissant l'espoir d'une véritable transformation. Mais il a trop tôt déchanté en voyant la trajectoire que prenaient les événements. Aujourd'hui, il ne peut que se désoler devant ce qui aurait pu être une réussite exemplaire. Ce qui le peine le plus, c'est la façon dont l'enthousiasme des populations s'est progressivement érodé, comme un feu qui s'éteint faute de combustible. Le projet, porteur de tant d'espérances, n'a finalement laissé derrière lui qu'un goût d'inachevé et d'opportunités gâchées.

Le récit de ce vieux est un appel à l'action, une invitation à réfléchir à des solutions pour revitaliser les zones rurales et préserver leur riche héritage culturel et environnemental. Car, comme il le souligne avec émotion, « un village qui se vide, c'est une partie de notre mémoire collective qui disparaît ».

Par la suite, nous nous sommes rendus dans le périmètre maraîcher, où un spectacle désolant s'offrait à nous : des chèvres et des ânes en divagation, des puits et des bassins fissurés, abandonnés depuis longtemps, et un champ envahi par des herbes mortes et des arbustes sauvages. Certaines sections des grillages étaient défoncées, et Mame Coumba, une femme habitant le village qui était à mes côtés, m'a confié qu'une bonne partie avait été volée. Observant cette scène, Modou Fall a murmuré avec amertume : « il est difficile de développer le pays si les gens n'y croient pas ».

Cette remarque m'a profondément marqué, car elle révèle un défi majeur : le manque de confiance et d'adhésion des populations locales envers les projets qui leur sont destinés.

- **Kangarlo ou les leçons d'un développement mal enraciné**

Cette visite à Kangarlo m'a permis de mieux comprendre les raisons de l'échec du projet agricole. Au-delà des aspects techniques et logistiques, c'est la dimension humaine et socioculturelle qui a été négligée. Les communautés locales n'ont pas été suffisamment consultées ni impliquées dans le choix du village retenu pour l'implantation du projet. De plus, certaines croyances et pratiques locales n'ont pas été prises en compte, ce qui a contribué à un manque d'appropriation et d'engagement de la part de la communauté.

L'échec du projet de Kangarlo illustre l'importance cruciale d'intégrer les réalités socioculturelles dans la conception et la mise en œuvre des projets de développement. Pour garantir leur succès et leur durabilité, il est essentiel de consulter et d'impliquer les communautés locales à chaque étape, de comprendre leurs besoins, leurs croyances et leurs aspirations, et de veiller à ce que les initiatives proposées s'inscrivent harmonieusement dans leur contexte culturel et social. Sans cette approche inclusive et respectueuse, même les projets les mieux conçus risquent de ne pas atteindre leurs objectifs.

Cette réflexion s'appuie sur les observations recueillies lors de mes missions dans les zones rurales, où j'ai pu identifier plusieurs facteurs récurrents contribuant à l'échec des projets de développement. Ces obstacles, bien que souvent imperceptibles au premier abord, ont des conséquences profondes sur l'efficacité et la pérennité des initiatives mises en place. En analysant ces défis, il devient possible de repenser les approches et de concevoir des projets mieux adaptés aux réalités locales, afin d'optimiser leur impact et de répondre véritablement aux besoins des populations concernées.

L'un des principaux problèmes que j'ai observés est l'absence de participation active des communautés locales dans le choix et la conception des projets. Trop souvent, les programmes sont conçus par des acteurs extérieurs, qu'il s'agisse d'ONG, d'agences gouvernementales ou de bailleurs de fonds, sans une réelle consultation des bénéficiaires finaux. Cette approche descendante, bien qu'elle parte souvent d'une bonne intention, conduit à des initiatives mal adaptées aux besoins et aux réalités du terrain. Par exemple, un projet agricole ou de construction de forage peut sembler pertinent sur le papier, mais si les villageois ne sont pas consultés sur son emplacement ou son mode de gestion, il risque de ne pas répondre à leurs attentes ou de tomber en désuétude après quelques mois.

L'implication des communautés dès la phase de conception est pourtant essentielle. Elle permet de s'assurer que les projets répondent aux véritables besoins des populations et qu'ils tiennent compte des spécificités culturelles, sociales et environnementales locales. En outre, lorsque les communautés sont impliquées dans le processus décisionnel, elles sont plus susceptibles de s'approprier les projets et de les défendre, ce qui en garantit la pérennité.

- **Le manque de synergie entre les intervenants**

Un autre défi majeur est le manque de coordination et de synergie entre les différents intervenants dans une même localité. Dans de nombreuses zones rurales, plusieurs organisations, qu'elles soient gouvernementales, non gouvernementales ou internationales, interviennent simultanément, mais souvent de manière isolée. Chacune poursuit ses propres objectifs, sans nécessairement tenir compte des actions des autres. Cette absence de collaboration entraîne des doublons, un gaspillage des ressources et une fragmentation des efforts, ce qui limite l'impact global des interventions.

Par exemple, il n'est pas rare de voir une ONG construire un magasin de stockage dans un village, tandis qu'une autre y installe le même ouvrage, sans que ces deux initiatives ne soient coordonnées. C'est le cas à Dinguiraye, dans le département de Bambey, où trois magasins de stockage sont construits sur un rayon de cinq cents (500) m. S'il y avait une bonne coordination, d'autres villages seraient bénéficiaires et l'impact pourrait être beaucoup plus significatif. Pour y parvenir, il est essentiel de mettre en place des plateformes de coordination, sous la tutelle de l'autorité administrative territorialement compétente (gouverneur, préfet, sous-préfet), qui rassemblent tous les acteurs impliqués dans une localité. Ces plateformes permettraient de partager les informations et d'harmoniser les interventions.

Pour maximiser l'impact de ces interventions, il est crucial d'organiser des sessions d'échange de vues avec les communautés et les partenaires techniques. Ces échanges permettent de dégager des pistes de solutions innovantes et de mutualiser les savoir-faire des différentes ONG et institutions impliquées. Trop souvent, les interventions des ONG manquent de plus-value en raison d'un manque de coordination et de complémentarité. Il est donc essentiel de créer des synergies entre les acteurs et de renforcer le maillage territorial pour éviter les doublons et optimiser les ressources disponibles.

Pour y parvenir, il est pertinent de développer une matrice d'interrelations qui permette de visualiser les liens entre les différents secteurs (agriculture, santé, éducation, environnement, etc.). Cette approche intégrée favorise une vision holistique du développement et permet de mieux comprendre comment les actions dans un secteur peuvent influencer les autres. Par exemple, la gestion durable des ressources en eau a des répercussions positives sur l'agriculture, la santé et l'environnement.

Ce manque de coordination entre acteurs, illustré par les doublons d'infrastructures et le gaspillage des ressources, n'est que la partie visible d'un problème plus profond : l'absence d'une véritable planification territoriale intégrée. En effet, si les interventions sur le terrain peinent à créer des synergies, c'est aussi parce que les politiques publiques elles-mêmes souffrent d'un déficit de cohérence entre les échelons national et local. Passer d'une logique d'actions isolées à une approche réellement concertée exige donc de repenser non seulement la coordination entre intervenants, mais aussi les mécanismes de conception et de mise en œuvre des politiques publiques. C'est précisément ce que révèle l'analyse des contraintes territoriales et des dysfonctionnements actuels de la planification, où les bonnes intentions butent trop souvent sur des réalités fragmentées.

- **La planification territoriale à l'épreuve de la coordination des politiques publiques**

Il convient de rappeler que les contraintes territoriales doivent être prises en compte dès la conception des politiques publiques. Celles-ci, bien que définies au niveau central, doivent impérativement trouver des espaces concrets de mise en œuvre au niveau local. À ce titre, l'échelon régional apparaît comme un cadre idéal pour assurer la jonction entre les orientations stratégiques nationales et les processus de planification territoriale, qui sont, rappelons-le, des mandats à part entière.

Or, l'une des grandes faiblesses observées réside dans l'absence de clarté sur les cibles attendues à l'échelle nationale. Ce déficit de cadrage empêche les territoires de se positionner efficacement. Prenons l'exemple d'une politique publique relative à la production de riz. Il serait essentiel de connaître les données de référence (par exemple : un taux de souveraineté alimentaire à 30 %) et les objectifs projetés (atteindre 50 % d'ici quelques années), afin que chacune des régions productrices (Saint-Louis, Matam, Kolda, Ziguinchor, Sédhiou…) puisse déterminer sa part de contribution. Ce type de démarche exige une planification rigoureuse, qui fait défaut. On assiste plutôt à une succession d'activités sans lien clair avec les résultats attendus.

De manière générale, les services déconcentrés ne sont pas outillés pour définir les objectifs régionaux en fonction des priorités nationales. Ils se limitent à inventorier les actions menées : tel projet a réalisé telles activités, sans qu'une évaluation des impacts ne soit faite. Or, ce qui compte réellement, ce n'est pas le volume d'investissement, même s'il atteint des centaines de milliards, mais bien l'effet sur les indicateurs de développement. Ces derniers sont les seuls garants d'un pilotage efficace.

Il est donc urgent de faire évoluer cette logique. Trop souvent, les services centraux construisent leurs plans d'intervention sectoriels sans tenir compte des documents de planification territoriale. Par exemple, les ministères élaborent leurs cartes scolaires, leurs programmes d'infrastructures, etc., sans associer les élus locaux. Cela reste un exercice de techniciens, avec parfois quelques consultations, mais sans véritable dialogue avec les collectivités territoriales.

Les conférences territoriales devraient jouer un rôle clé dans cette coordination. Elles gagneraient à être organisées en amont de la préparation budgétaire (octobre à décembre), afin de permettre une articulation réelle entre les priorités locales et les projections sectorielles. Chaque acteur y apporterait sa contribution : les élus exprimeraient les besoins prioritaires, les services techniques évalueraient la faisabilité, et les partenaires au développement ajusteraient leur soutien en fonction des compromis identifiés. Un tel dispositif permettrait d'éviter les doublons, de mutualiser les ressources et de garantir la cohérence des actions.

À l'heure actuelle, nous sommes confrontés à trois types de planification qui coexistent sans véritable synergie :

1. La planification sectorielle de l'État, adossée à des budgets sécurisés, mais souvent peu intégrée aux réalités locales.
2. La planification territoriale, élaborée par les collectivités locales de manière participative, mais dépourvue de ressources suffisantes.
3. La planification des partenaires au développement, qui suit une logique propre à chaque bailleur, parfois en dehors des priorités locales ou nationales.

Cette fragmentation engendre inefficacités, chevauchements et gaspillages. L'absence de coordination empêche d'évaluer les progrès réalisés et compromet l'atteinte des objectifs. Pour sortir de cette impasse, il est impératif de repenser les mécanismes de coordination. Il ne suffit plus de se réunir une fois par an pour dresser un état des lieux. Il faut instaurer un véritable système de planification concertée, avec des engagements partagés et un suivi rigoureux.

Le Sénégal est à la recherche de solutions durables, mais il faut reconnaître que la logique de cloisonnement continue de dominer. Tant que les acteurs ne seront pas mobilisés autour d'un dispositif commun, tant que les priorités ne seront pas coconstruites, tant que la planification restera éclatée, nous continuerons de reproduire les mêmes erreurs, année après année.

Si l'absence de coordination structurelle dans la mise en œuvre des politiques publiques et du développement territorial représente un obstacle, un autre élément limite considérablement leur efficacité : le déficit de compétences locales. Malgré l'amélioration des procédures de coordination, la durabilité des initiatives est menacée si les intervenants locaux ne détiennent pas les compétences requises pour leur gestion. Cette omission, fréquemment sous-estimée dans les plans de développement, compromet les investissements réalisés et met en péril l'autonomie des régions.

Par conséquent, au-delà des obstacles liés à la cohérence entre les différents niveaux de l'administration, l'amélioration des compétences locales apparaît comme un levier essentiel pour assurer une mise en œuvre effective des politiques publiques sur le terrain et, par ricochet, pour garantir une meilleure efficacité et la réussite des projets.

- **L'absence de renforcement des compétences locales**

Enfin, un troisième facteur d'échec est l'absence de renforcement des compétences locales et de transfert de connaissances techniques. Trop souvent, les projets se concentrent sur la réalisation d'infrastructures, comme des forages, des écoles ou des centres de santé, sans prévoir de mécanismes permettant de former les communautés à leur gestion et à leur entretien. Résultat : une fois les acteurs extérieurs partis, les infrastructures tombent en désuétude, faute de maintenance, de moyens techniques et financiers ou de savoir-faire local.

Assurément, le développement des ressources locales constitue l'un des axes majeurs de l'appui technique destiné aux communautés. Ces ressources, qu'elles soient naturelles, humaines ou économiques, doivent être identifiées, formalisées et valorisées afin de permettre aux communautés de renforcer leurs activités économiques. Par exemple, dans les zones rurales, l'agriculture, la pêche, l'élevage et le tourisme sont souvent les piliers de l'économie locale. Il est donc crucial de former des acteurs locaux, tels que des vétérinaires ou des auxiliaires d'élevage, pour assurer des soins de qualité au bétail, ce qui contribue à accroître la productivité et à sécuriser les moyens de subsistance des éleveurs.

Le renforcement des compétences locales est pourtant une condition *sine qua non* de la durabilité des projets. Il ne s'agit pas seulement de construire des infrastructures, mais aussi de former des comités de gestion communautaire, de dispenser des formations techniques et de mettre en place des systèmes de suivi et d'évaluation. Par exemple, dans le cas d'un projet de forage, il est crucial de former des techniciens locaux à la maintenance des pompes et de sensibiliser les villageois à l'importance d'une gestion durable de l'eau. De même, dans le cadre d'un projet agricole, il est essentiel de former les agriculteurs aux techniques d'irrigation, à la gestion des sols et à la lutte contre les parasites.

• Vers une approche plus inclusive et durable

Pour relever ces défis, il est crucial d'adopter une approche de développement plus inclusive et participative. Cela passe par l'implication active des communautés locales à chaque étape du projet, de la conception à la mise en œuvre et à l'évaluation, en les considérant comme des partenaires essentiels plutôt que comme de simples bénéficiaires passifs. Il est également nécessaire de renforcer la coordination entre les acteurs grâce à la création de plateformes de dialogue et de collaboration, afin de concevoir des interventions synergiques tenant compte des actions des autres parties prenantes sur le terrain.

Enfin, investir dans le renforcement des capacités locales par des formations techniques, un soutien aux initiatives communautaires et la mise en place de mécanismes de suivi et d'évaluation adaptés est essentiel.

En résumé, les échecs des projets de développement rural ne sont pas une fatalité ; ils découlent souvent d'approches inadaptées, d'un manque de coordination et d'une insuffisance dans le renforcement des compétences locales. En repensant ces dimensions et en plaçant les communautés au centre des interventions, il est possible de concevoir des projets plus efficaces, durables et alignés sur les réalités locales. Le développement rural doit être un processus collaboratif, où chaque acteur contribue à la réussite collective, plutôt qu'une démarche imposée de l'extérieur.

Pour surmonter ces lacunes, il est indispensable d'associer les communautés dès la phase de conception des projets, afin de garantir que les initiatives répondent véritablement à leurs besoins spécifiques. Une meilleure coordination entre les acteurs est également nécessaire pour éviter les redondances et optimiser l'utilisation des ressources disponibles. Enfin, renforcer les compétences locales par des formations techniques et un accompagnement sur le long terme favorise l'autonomie des populations et assure la pérennité des projets. Cette approche inclusive et collaborative constitue le levier essentiel pour transformer les défis en opportunités et assurer un développement rural durable et respectueux des contextes locaux.

Ces principes prennent tout leur sens lorsqu'on les confronte aux réalités du terrain. L'exemple suivant, celui d'un projet d'élevage mal ciblé, montre les conséquences d'une approche déconnectée des contextes locaux, mais aussi comment une réorientation tardive vers des solutions adaptées peut limiter les échecs.

Cas d'étude

- **Cibler intelligemment : l'importance de l'ancrage local dans les projets de développement**

Dans la réalisation des projets de développement, le choix entre les diverses priorités territoriales et sociales est une tâche délicate. S'il est mal géré, il peut compromettre les résultats escomptés, voire transformer une initiative qui semblait prometteuse en un échec évident. Ce constat est fréquemment observé dans des situations où les intentions, bien que nobles, ne correspondent pas toujours aux réalités du terrain. Un projet que j'ai eu l'opportunité d'analyser de manière approfondie en fournit une illustration pertinente.

Il s'agissait d'un projet conçu pour aider les ménages en situation de vulnérabilité par le biais de la distribution de chèvres, communément appelé *passage de dons*. Le but était évident : aider des familles à établir une activité d'élevage susceptible d'assurer des revenus durables. À première vue, l'idée paraissait judicieuse, tant pour son aspect social que pour sa portée économique. Toutefois, lors de sa mise en pratique, plusieurs points faibles structurels ont été identifiés, notamment en ce qui concerne la sélection des bénéficiaires et la distribution géographique des ressources.

Un budget considérable a été alloué aux villages d'une localité où l'élevage des chèvres est marginal, voire absent des pratiques et des représentations locales. Autrement dit, une activité inédite a été mise en place dans un contexte peu apte à la recevoir, sans prise en compte des dynamiques socio-économiques de la localité. Cette approche contraste avec celle de la zone sylvo-pastorale, où l'élevage occupe une place centrale dans l'économie locale et où les communautés disposent déjà de savoir-faire et d'infrastructures nécessaires.

L'impact n'a pas tardé à se faire ressentir : les foyers ciblés, bien qu'ayant effectivement bénéficié du projet, manquaient des compétences techniques requises pour la gestion du bétail, ainsi que de circuits de commercialisation permettant de valoriser les produits d'élevage. En raison de l'absence de formation et de soutien appropriés, les chèvres n'ont pas été correctement soignées, faute de la mise en place d'un dispositif d'encadrement et de formation en santé animale. Certaines ont connu une mort prématurée, d'autres ont été vendues sur les marchés hebdomadaires, et les bénéfices économiques se sont révélés très limités.

Face à cette situation, les équipes d'intervention ont été contraintes de réajuster leur plan d'action. L'option consistant à se concentrer sur l'élevage de volailles, en particulier par l'introduction de diverses races de poules, comme les Brahmas, associées aux poules domestiques, plus résistantes que les poulets de chair, s'est révélée plus pertinente et plus facile à mettre en œuvre. Moins exigeante en entretien, mieux adaptée aux espaces limités et plus rapidement rentable, cette activité démontrait une plus grande capacité d'appropriation locale. Toutefois, ce changement de cap tardif n'a fait que souligner l'erreur initiale : une mauvaise compréhension des besoins réels des communautés et des priorités du territoire concerné.

En revanche, les villages de la zone sylvo-pastorale, de Gonkol à Gawdé Boffé, en passant par Namarel, n'ont reçu qu'un budget limité, malgré l'importance de l'élevage dans leur vie économique et sociale. Un éleveur rencontré sur place témoigne :

« *Nous sommes des éleveurs, liés à cette activité depuis nos grands-parents. De génération en génération, nous perpétuons cette tradition, vous ne trouverez pas d'agriculteurs parmi nous.* »

Cette forte identification culturelle démontre le potentiel de ces communautés pour des projets pastoraux. Une allocation plus équitable des ressources aurait permis un impact bien plus significatif : les éleveurs expérimentés, transmetteurs de savoirs souvent héréditaires et familiaux, auraient pu former les nouveaux venus, tandis que les infrastructures locales existantes (marchés, services vétérinaires) auraient renforcé la chaîne de valeur, et la rentabilité globale du projet en aurait été considérablement améliorée.

La réussite de tels projets dépend également d'une planification temporelle adaptée. La période d'hivernage, particulièrement propice, offre plusieurs avantages clés : abondance des pâturages grâce aux pluies, réduction de la pression sur les éleveurs en l'absence de période de soudure, et optimisation des coûts grâce à une meilleure disponibilité des ressources naturelles. Cette approche saisonnière, à condition d'être ajustée aux spécificités locales, favorise à la fois l'adhésion des bénéficiaires et la durabilité des actions menées.

Cette expérience souligne deux principes essentiels pour des projets de développement réussis. Premièrement, une analyse approfondie des dynamiques locales est indispensable, intégrant les pratiques économiques existantes et les capacités d'appropriation des innovations. Deuxièmement, l'allocation des ressources doit trouver un équilibre entre considérations sociales (niveau de vulnérabilité) et critères techniques (potentiel de réussite).

En définitive, cette étude de cas démontre la nécessité de dépasser une approche uniforme et compassionnelle du développement au profit d'une vision plus stratégique et contextualisée. Il s'agit non seulement de cibler les plus vulnérables, mais aussi d'identifier les terrains les plus propices à un impact durable, en s'appuyant sur les réalités culturelles et environnementales locales. C'est à cette condition que les projets pourront véritablement transformer les conditions de vie des communautés tout en renforçant leur autonomie.

Si l'examen des réalités du terrain et la sélection stratégique des destinataires sont indispensables au succès des initiatives de développement, il est également primordial de mettre en place une démarche d'accompagnement appropriée pour en assurer la durabilité. Au lieu de disperser les efforts à travers diverses initiatives, une approche plus efficiente consisterait à consolider les projets déjà en cours, en capitalisant sur les dynamiques locales et les compétences existantes. C'est dans cette perspective qu'un soutien stratégique est élaboré afin de renforcer les initiatives prometteuses et d'encourager un impact pérenne.

- **Développement d'un accompagnement stratégique pour renforcer les projets existants et favoriser un impact durable**

Au vu de tout ce qui précède, il serait préférable de privilégier le soutien et le renforcement des initiatives existantes plutôt que de s'engager constamment dans la création de nouveaux projets, souvent dispersés et peu viables. Cette méthode, conjuguant pragmatisme et efficacité, offrirait divers atouts significatifs. Elle favorise d'abord l'optimisation des ressources humaines, financières et matérielles en se basant sur des structures déjà en place, évitant ainsi de partir de la base. En s'appuyant sur les compétences acquises, les réseaux construits et les enseignements tirés des expériences antérieures, les probabilités de réussite sont accrues, tout en minimisant les risques d'échec associés aux incertitudes des nouvelles initiatives. Par exemple, dans le domaine agricole, il est souvent plus judicieux de maximiser les perspectives commerciales d'une coopérative existante en renforçant ses capacités en matière de stockage, de transformation ou de marketing, plutôt que de constituer une nouvelle entité qui pourrait disperser les efforts et les ressources financières.

Cette stratégie de renforcement devrait se baser sur une analyse des besoins spécifiques à chaque initiative, qu'il s'agisse de pallier des carences financières, d'améliorer les compétences des chefs de projet grâce à des formations personnalisées, ou encore de favoriser la coopération entre acteurs locaux. Cette méthode nécessite une supervision rigoureuse, reposant sur des indicateurs de performance spécifiques afin de mesurer les progrès et d'ajuster les stratégies de soutien en conséquence. Le but est d'assurer non seulement la viabilité immédiate des projets, mais aussi leur durabilité à long terme, en mettant en place un écosystème robuste où les différentes actions s'appuient les unes sur les autres plutôt que de se faire concurrence.

Il est par ailleurs essentiel de favoriser les projets issus directement des communautés locales, car ils reposent sur une réflexion collective enracinée dans la réalité du terrain. À l'inverse des initiatives imposées de l'extérieur, souvent critiquées pour leur manque d'appropriation par les bénéficiaires, ces projets bénéficient d'un soutien considérable et d'une légitimité indiscutable. Qu'il s'agisse d'un collectif de femmes œuvrant pour un meilleur accès à l'eau potable, d'une organisation de jeunes soutenant l'éducation dans un secteur défavorisé, ou d'une coopérative agricole développant des méthodes agroécologiques, ces actions répondent directement aux priorités identifiées par les communautés elles-mêmes. Leur pertinence est d'autant plus grande qu'elles intègrent les spécificités culturelles, sociales et économiques du contexte local, ce qui en fait des leviers puissants pour un développement réellement inclusif et durable.

C'est justement cette conviction qu'une rencontre a ravivée, à un moment où elle s'imposait peut-être. Une femme hollandaise, très active dans le développement, m'avait rendu visite dans mon bureau à Dakar. Elle préparait un projet pour l'Éthiopie et voulait recueillir mon point de vue. Au cours de notre discussion, elle m'a posé une question simple, mais bouleversante : « croyez-vous encore au développement ? ». Elle avait vu beaucoup de ses collègues se décourager, voire se retirer du secteur, face aux résultats mitigés. Cette question, posée sans provocation, m'avait profondément interpellé. Elle m'a obligé à reconsidérer mes propres certitudes, à réfléchir au sens et aux méthodes de ce que nous appelons « développement ».

Oui, je crois au développement, mais pas à n'importe lequel. Je crois à celui qui s'enracine dans la réalité des gens, dans leurs expériences, leurs luttes, leurs savoir-faire. Celui qui ne s'impose pas, mais qui se construit avec, pas pour. Un développement patient, à hauteur humaine, qui commence par l'écoute.

Cette rencontre m'a rappelé que derrière chaque stratégie, chaque projet, il y a une question fondamentale : est-ce que cela change vraiment quelque chose pour ceux qui vivent là, chaque jour ? Est-ce que cela les rend plus libres, plus autonomes, plus capables de transformer leur avenir ? Sans cela, toute démarche, même bien intentionnée, risque de n'être qu'un passage, sans trace durable.

Pour accompagner efficacement les projets, il est donc indispensable d'adopter une approche collaborative et flexible, qui aille bien au-delà du simple financement. Cela implique, dans un premier temps, une écoute active des porteurs de projet afin de comprendre leurs défis, leurs aspirations et leurs contraintes. Sur cette base, il est possible de mettre en place un soutien sur mesure, combinant renforcement des capacités (par des formations techniques, managériales ou financières), facilitation de l'accès aux ressources (subventions, prêts, équipements) et création de réseaux d'échange et de mutualisation.

Considérons le cas d'une coopérative agricole : au lieu de lui imposer un modèle de production ou de vente standardisé, un soutien efficace consisterait à l'assister dans l'élaboration de ses propres stratégies, en s'appuyant sur ses savoir-faire traditionnels tout en intégrant des innovations appropriées. Cela pourrait inclure l'adoption de méthodes agricoles résistantes aux variations climatiques, l'établissement de circuits d'approvisionnement locaux pour vendre les produits, ou la mise en œuvre d'une marque commune afin de mettre en valeur les produits locaux.

Au final, cette approche, qui privilégie le renforcement des projets en cours et l'émancipation des intervenants locaux, engendre deux avantages. D'une part, elle amplifie l'impact des actions en évitant la dispersion des efforts et en assurant des résultats tangibles et quantifiables.

D'autre part, elle donne du pouvoir aux communautés, qui se transforment progressivement en véritables acteurs de leur propre développement. Ce processus vertueux, fondé sur la confiance et la collaboration, est essentiel pour bâtir des sociétés plus robustes et équitables, où chaque personne peut participer de manière active à l'amélioration de ses conditions de vie. Ainsi, dans un environnement caractérisé par des ressources restreintes et des obstacles considérables, il est crucial d'adopter constamment cette démarche, à la fois logique et humaine, afin d'assurer un progrès durable et collectif.

Chapitre VI

Une solution à la transhumance : L'intégration Agriculture-Élevage

Le phénomène de la transhumance, souvent perçu comme une pratique culturelle ancestrale, nécessite une lecture et une analyse beaucoup plus larges pour en comprendre les dimensions économiques, environnementales et sociales. Notre expérience en tant que berger, ayant exercé cette activité durant toute notre jeunesse à Malika jusqu'à la classe de troisième au collège, fait que notre approche de l'objet de la transhumance va bien au-delà d'une simple observation extérieure. Elle se base sur une expérience de tous les jours, constituée d'observations, d'activités, de restrictions tangibles, voire d'échanges avec les animaux, les saisons et les lieux fréquentés.

Cette immersion dans les réalités du pastoralisme traditionnel nous a aidés à appréhender, avant toute instruction conceptuelle, les mécanismes d'ajustement, les types de connaissances locales et les équilibres parfois fragiles entre les exigences du troupeau, les ressources naturelles, l'environnement et les mouvements sociaux. Cette expérience personnelle, combinée à des observations et des échanges avec des éleveurs, permet de saisir les complexités et les motivations profondes qui sous-tendent la pratique.

La transhumance, loin d'être uniquement une tradition culturelle, est avant tout une stratégie d'adaptation aux contraintes environnementales. Elle répond à des impératifs liés à la disponibilité des ressources naturelles, notamment les pâturages et l'eau, qui varient selon les saisons et les régions. Par exemple, je me souviens qu'à la fin de chaque mois de septembre, mon oncle déplaçait son troupeau de Malika vers Sindia[9], commune située à soixante-cinq (65) km au sud-est de Dakar, dans la région de Thiès, plus précisément dans le département de Mbour, motivé par la recherche de pâturages plus abondants et d'espaces plus vastes et moins pollués pour le bétail. Cette migration saisonnière, autrefois dictée par des cycles naturels, était devenue une question de survie face à un fléau bien plus menaçant : la dégradation environnementale causée par le dépotoir de Mbeubeuss.

Mbeubeuss : entre décharge, transhumance et survie pastorale :

- **Les effets d'un déséquilibre territorial**

Mbeubeuss, l'une des plus grandes décharges à ciel ouvert d'Afrique de l'Ouest, a profondément bouleversé les équilibres socio-économiques et environnementaux de la commune de Malika. À l'origine de nombreux problèmes — abandon scolaire, insécurité croissante, maladies pulmonaires (asthme, sinusite, tuberculose) — la décharge de Mbeubeuss a également détruit l'économie locale, traditionnellement basée sur l'agriculture, l'élevage et l'extraction du sel. L'expansion fulgurante de cette bombe écologique qui, passant de sept (7) hectares en 1968 à cent

[9] Le parcours Malika-Sindia fait référence à une transhumance traditionnelle effectuée par les éleveurs de Malika dans les années 80. Malika, située en périphérie de Dakar, était une zone d'élevage périurbaine à cette époque où les troupeaux pâturaient pendant une partie de l'année (Juin-Septembre). Sindia, commune du département de Mbour dans la région de Thiès, située à environ 65 km au sud-est de Dakar, offrait des pâturages plus vastes et de meilleure qualité, moins exposés à la pollution urbaine. Ce déplacement saisonnier illustrait les pratiques de mobilité pastorale visant à optimiser les ressources alimentaires pour le bétail.

quinze (115) hectares aujourd'hui, avec des amoncellements atteignant plus de dix (10) mètres de haut, a radicalement transformé le paysage. La route d'accès, initialement prévue sur sept (7) mètres de large, s'est étendue démesurément à un peu plus de vingt (20) mètres, signe de l'emprise grandissante du site.

Cette situation a particulièrement affecté les activités pastorales à Malika, où les éleveurs, motivés par la recherche de pâturages plus abondants et d'espaces plus vastes pour leur bétail, se sont heurtés à la dégradation progressive des écosystèmes. Les oasis précieuses de la zone étaient constamment menacées par les nuisances du dépotoir : odeurs nauséabondes, infiltration des polluants dans les eaux souterraines, prolifération de déchets plastiques. Les pâturages se réduisaient comme peau de chagrin, tandis que les troupeaux souffraient de la contamination des sols et des points d'eau.

L'impact sur l'agriculture a été tout aussi dramatique. L'ensevelissement des champs sous les déchets et la pollution de la nappe phréatique ont rendu impossible la pratique agricole. Ces terres jadis nourricières, sources de revenus pour des générations, sont aujourd'hui dégradées sans aucune compensation. Cette perte de moyens de subsistance a précipité de nombreuses familles dans la pauvreté, entraînant une déperdition scolaire faute de ressources pour l'éducation des enfants. L'aviculture, autre pilier économique employant de nombreux jeunes, n'a pas été épargnée : une étude de l'Institut Africain de Gestion Urbaine (IAGU) a révélé qu'en 2009 déjà, une altération de la qualité de l'eau des puits de Malika compromettait, en conséquence, l'abreuvement de la volaille.

Au final, c'est toute l'économie locale, des champs aux élevages, qui a été anéantie par la décharge de Mbeubeuss, laissant les populations prisonnières d'un cercle vicieux de pauvreté et de dépendance à ce territoire devenu hostile.

Dans ce contexte, qui correspond à la fin des années 80, la transhumance vers Sindia apparaissait comme une stratégie de survie : elle permettait d'éviter ces risques sanitaires et environnementaux tout en assurant une alimentation suffisante aux animaux. En s'éloignant de l'emprise toxique de Mbeubeuss, les éleveurs retrouvaient temporairement un équilibre, préservant leur cheptel et leur mode de vie face à une urbanisation mal maîtrisée.

Mais cette mobilité n'est qu'une réponse temporaire à un problème structurel plus profond : le recul des espaces ruraux face à la pression urbaine, l'absence de politiques de gestion durable des déchets et la non-prise en compte des économies pastorales dans les choix d'aménagement du territoire.

Par ailleurs, un éleveur peul du nom d'Almamy Ba, rencontré à Tambacounda, nous a expliqué que, même pendant l'hivernage, période où les pâturages sont abondants, il préférait déplacer son troupeau vers la zone de Bakel. La raison principale était liée à la densité des forêts autour de Tambacounda, qui favorisait la prolifération des moustiques et des maladies transmises par ces insectes. En effet, les eaux stagnantes et la végétation dense rendaient l'environnement peu propice à l'épanouissement des vaches. En revanche, la zone de Bakel, avec sa végétation moins dense et ses conditions de vie plus favorables à la vie animale, offrait un cadre plus sain pour le bétail.

La transhumance n'est donc pas seulement une réponse aux défis environnementaux ; elle est également une stratégie de survie pour les éleveurs. Dans les régions du nord du Sénégal, par exemple, l'absence de fourrage pendant la saison sèche pousse les éleveurs à migrer vers le sud. Cette pratique permet de maintenir la productivité du bétail et de préserver les moyens de subsistance économiques des familles dépendantes des activités de l'élevage. Dans le Fouta[10], où les précipitations sont faibles et les pâturages limités, la transhumance est une nécessité. Les éleveurs doivent parcourir de longues distances pour trouver des zones où les pâturages, l'herbe et l'eau sont disponibles. Cette migration saisonnière est essentielle pour éviter la perte de bétail causée par la famine ou la déshydratation.

En revanche, dans le Sud, la transhumance est plus fortement influencée par des considérations liées à la santé et au bien-être du cheptel. Les éleveurs cherchent à protéger leur bétail contre des maladies telles que la trypanosomiase, transmise par la mouche tsé-tsé, ainsi que contre des conditions environnementales difficiles, comme les forêts denses et les eaux stagnantes. Dans ces zones du Sud, la race Ndama s'adapte relativement bien à ces contraintes, contrairement aux Gobras, plus vulnérables. Cette méthode illustre une adaptation notable aux restrictions environnementales, où le déplacement du bétail se transforme en un instrument de gestion sanitaire tout aussi essentiel que les interventions vétérinaires. Elle met aussi l'accent sur la valeur des connaissances locales pour la conception de stratégies pastorales durables, surtout dans des contextes où les remèdes techniques contemporains (tels que les insecticides ou les vaccins) demeurent fréquemment hors de portée ou trop onéreux pour une partie des éleveurs, même si des campagnes de vaccination organisées par le ministère

---

[10] Le Fouta désigne la région historique et géographique du Fouta Toro, située le long du fleuve Sénégal, à cheval sur le nord du Sénégal et le sud de la Mauritanie. Il s'agit d'une zone principalement peuplée par les **Peuls**, avec une longue tradition d'élevage, d'agriculture irriguée et de commerce transfrontalier. Le Fouta est également reconnu pour son rôle historique dans la diffusion de l'islam, ses structures sociales organisées et ses systèmes de chefferie et de tolérance communautaire.

de l'Élevage permettent d'en réduire partiellement le coût et d'améliorer la couverture sanitaire.

- **Défis et perspectives de la transhumance**

Bien que la transhumance soit une pratique essentielle pour de nombreux éleveurs, elle n'est pas sans défis. Ces défis sont à la fois environnementaux, sociaux et économiques. La migration des troupeaux peut entraîner des tensions avec les agriculteurs, notamment lorsque les animaux traversent des zones dédiées à l'activité agricole. Ces conflits sont souvent exacerbés par la raréfaction des ressources naturelles et la pression démographique. La concentration des troupeaux dans certaines zones pendant la transhumance peut également entraîner un surpâturage et une dégradation des sols, posant un défi majeur pour la durabilité des écosystèmes et la préservation des ressources naturelles. Enfin, la transhumance a des conséquences sociales, notamment sur l'éducation des enfants et l'accès aux services de santé. Les familles d'éleveurs, souvent en déplacement, ont du mal à scolariser leurs enfants ou à accéder à des soins médicaux de qualité.

Au mois de juillet 2024, lors d'une discussion avec un infirmier-chef de poste à Mbidi, village situé dans la commune de Guédé Village, ce dernier nous a partagé son inquiétude quant au fait que « certaines femmes enceintes ne suivent pas l'intégralité des consultations prénatales, tout comme le respect du calendrier vaccinal pour les enfants ». D'après lui, cette situation alarmante est l'une des répercussions directes de la transhumance, une pratique fréquemment observée dans la région.

Figure 7 : Troupeau de vaches dans le Ferlo

Effectivement, le va-et-vient constant et souvent aléatoire des familles, associé à la quête de pâturages pour leur bétail ou à d'autres nécessités économiques, entrave grandement l'accès aux soins médicaux.

Il ressort de cette analyse que la transhumance est bien plus qu'une simple pratique culturelle ; elle est une réponse complexe et multifactorielle aux défis environnementaux, économiques et sociaux auxquels font face les éleveurs. Pour trouver une solution durable à ce phénomène, il est essentiel de comprendre les motivations profondes de cette pratique et de mettre en place des solutions intégrées qui prennent en compte les besoins des éleveurs, des agriculteurs et des écosystèmes. En promouvant une approche holistique qui intègre l'agriculture et l'élevage, il est possible de créer des systèmes résilients et durables, capables de répondre aux défis actuels tout en préservant les ressources naturelles pour les générations futures. Cela nécessite une collaboration étroite entre les acteurs locaux, les décideurs politiques et les organisations de développement, ainsi qu'un engagement fort en faveur de l'innovation et de la gestion durable des ressources.

Figure 8 : Le village de Gadaty dans la zone sylvo-pastorale

- **La piste des synergies locales : Intégrer l'agriculture et l'élevage :**

Pour relever les défis de la transhumance pastorale, il est essentiel de promouvoir une intégration harmonieuse de l'agriculture et de l'élevage. Cette approche permettrait de créer des synergies entre les deux secteurs tout en atténuant les conflits et en préservant les ressources naturelles. La promotion de cultures fourragères, comme le niébé ou le sorgho fourrager, pourrait fournir une source de nourriture supplémentaire pour le bétail, réduisant ainsi la dépendance à l'égard des pâturages naturels. Cela permettrait également de limiter les déplacements des troupeaux et de réduire les conflits avec les agriculteurs.

Pour ce faire, développer cette culture fourragère, notamment le maralfalfa[11], dans la vallée pourrait atténuer les coûts de production liés à l'eau, rendant celle-ci plus compétitive par rapport à la zone sylvo-pastorale, où le mètre cube est facturé à trois cents (300) FCFA, un tarif jugé élevé par les éleveurs. En effet, la vallée bénéficie d'un accès plus facile et moins coûteux à l'eau, grâce aux aménagements d'irrigation et à sa proximité avec les ressources hydriques. Cultiver du maralfalfa, une plante fourragère à haut rendement et résistante à la sécheresse, permettrait de produire du fourrage en grande quantité et à moindre coût. Cela réduirait la dépendance des éleveurs vis-à-vis des pâturages naturels de la zone sylvo-pastorale, surtout en période de saison sèche, où l'eau est non seulement rare, mais aussi chère, ce qui alourdit considérablement leurs dépenses.

L'Association pour le développement de Namarel (ADENA)[12] a un ambitieux programme de mise en valeur d'une superficie de trois cent cinquante (350) ha dans la vallée pour matérialiser cette intégration, qui va à terme

Agir sur l'alimentation du bétail, notamment les vaches laitières en vue d'améliorer leur productivité. Cette innovation permettra d'éviter les ruptures saisonnières de

---

[11] Le maralfalfa est une plante fourragère très productive, cultivée notamment en Afrique de l'Ouest pour nourrir le bétail, même en période de sécheresse. Elle se caractérise par une forte teneur en protéines, une bonne digestibilité et peut être utilisée fraîche, ensilée ou enrubannée. Sa culture nécessite une gestion attentive de l'eau et des coupes, mais elle constitue une alternative durable aux pâturages naturels et contribue à la sécurité alimentaire du bétail.

[12] L'Association pour le Développement de Namarel (ADENA) est une organisation de développement sénégalaise basée à Namarel, dans la commune de Gamadji Sarré, région de Saint-Louis. Elle œuvre notamment dans les domaines de la sécurité alimentaire, de la santé, de l'alphabétisation et de la valorisation des productions laitières dans des zones pastorales.

lait qui sont le propre de la production laitière au Sénégal. Un soutien à la fois technique et sanitaire sera établi, incluant une supervision vétérinaire dans les étables ainsi que des sessions de formation pour une gestion optimale des coûts et une amélioration des performances.

De plus, dans le cadre de son expansion, « Kossam GALO »[13] (l'unité laitière de l'Association pour le développement de Namarel) pourrait augmenter sa production quotidienne de lait à 30 000, 40 000 ou même 50 000 litres par jour, sans nécessiter d'élargissement significatif de sa chaîne de production. Une croissance qui ne nécessiterait qu'une hausse d'environ 15 % du personnel, preuve de la viabilité économique et de l'efficacité du modèle. Pourtant, malgré sa pertinence et son fort impact attendu sur la sécurité alimentaire, l'emploi local et la dynamisation de la filière, ce programme ne bénéficie pas encore de financement. Dans cette vallée, l'avenir d'une filière plus stable, plus compétitive et plus résiliente dépend encore de la décision d'un bailleur prêt à miser sur l'innovation locale.

Par ailleurs, la création de corridors de transhumance bien définis par des plans d'occupation et d'aménagement des sols, qui existent déjà dans la zone sylvo-pastorale, mais qui devraient être mis à jour après cinq (5) ans, pourrait faciliter les déplacements des troupeaux tout en protégeant les zones agricoles. Ces corridors devraient être planifiés en

[13] Kosam Gallo est un programme porté par l'Unité Laitière de l'Association pour le Développement de Namarel (ADENA) au Sénégal. Il vise à soutenir et structurer la filière laitière locale en accompagnant les éleveurs dans la production, la collecte et la transformation du lait. Le programme promeut également des pratiques agricoles durables, l'amélioration de la qualité du lait et le renforcement de l'autonomie économique des communautés pastorales et agro-pastorales.

collaboration avec les communautés locales pour garantir leur efficacité et leur acceptabilité. Enfin, les systèmes agro-pastoraux, qui combinent agriculture et élevage, offrent une solution durable pour optimiser l'utilisation des ressources. Par exemple, les déjections animales peuvent être utilisées comme engrais naturel pour les cultures ou pour la production de biogaz dans le cadre de projets de biodigesteurs, tandis que les résidus agricoles peuvent servir de fourrage pour le bétail.

Ainsi, après mûre réflexion et des discussions approfondies avec des éleveurs et des agents de développement communautaire, une autre solution prometteuse émerge pour renforcer l'intégration entre l'agriculture et l'élevage au Sénégal, notamment dans la partie septentrionale du territoire. L'idée repose sur une synergie entre la vallée du fleuve Sénégal, où l'agriculture est très développée, avec des rizières et des champs de patates, et la zone sylvo-pastorale du Ferlo, où l'élevage prédomine. Cette complémentarité pourrait être exploitée pour créer un système équilibré économiquement et socialement, à la fois bénéfique aux agriculteurs et aux éleveurs, tout en contribuant à une gestion plus durable de l'écosystème et des ressources naturelles.

Dans la vallée du fleuve Sénégal, les activités agricoles génèrent d'importantes quantités de résidus, notamment de la paille de riz, qui est souvent sous-utilisée ou laissée à l'abandon après les récoltes. Pourtant, cette paille représente une ressource précieuse pour les éleveurs de la zone sylvo-pastorale, où le fourrage se fait rare, surtout pendant la saison sèche. En organisant un mécanisme de collaboration entre agriculteurs et éleveurs, soutenu par l'État du Sénégal ou des organisations communautaires, toute la paille de riz pourrait être collectée et acheminée gratuitement vers les zones d'élevage. Pour cela, un dispositif de transport adéquat serait mis en place, permettant de faciliter le transfert de ces résidus agricoles vers les éleveurs.

En contrepartie, les agriculteurs bénéficieraient d'une réduction du prix du mètre cube d'eau, une ressource essentielle pour l'irrigation de leurs cultures. Cette compensation leur permettrait d'optimiser leur production agricole en réduisant leurs coûts d'exploitation, tout en valorisant des résidus qui, autrement, seraient perdus ou brûlés. Cette approche créerait ainsi une boucle vertueuse : les éleveurs auraient accès à une source de nourriture supplémentaire pour leur bétail, réduisant ainsi la pression sur les pâturages naturels et limitant les conflits entre agriculteurs et éleveurs, tandis que les agriculteurs verraient leurs charges financières allégées, ce qui stimulerait leur productivité.

Ce mécanisme d'intégration nécessite une coordination efficace et un accompagnement institutionnel fort. L'État du Sénégal, à travers ses ministères en charge de l'agriculture, de l'élevage et des ressources en eau, pourrait jouer un rôle clé en facilitant la mise en place de ce système. Les organisations communautaires, quant à elles, pourraient agir comme des intermédiaires pour organiser la collecte, le transport et la distribution de la paille de riz, tout en veillant à ce que les accords entre agriculteurs et éleveurs soient respectés. Des plateformes de dialogue pourraient être créées pour favoriser la communication et la collaboration entre les deux parties, renforçant ainsi la confiance et la coopération.

Enfin, cette initiative s'inscrit dans une vision plus large de développement durable. En valorisant les résidus agricoles, elle participe à la réduction du gaspillage des ressources et à la limitation de l'impact environnemental des pratiques agricoles. En même temps, elle renforce les liens entre l'agriculture et l'élevage, favorisant une gestion plus harmonieuse des écosystèmes et contribuant à améliorer les conditions de vie des populations rurales. Ce modèle d'approche intégrée, fondé sur la complémentarité entre agriculture et élevage, pourrait inspirer d'autres régions du Sénégal et d'Afrique de l'Ouest confrontées à des défis similaires de gestion des ressources naturelles et de coexistence entre agriculteurs et éleveurs.

Cependant, l'intégration effective de ces deux secteurs ne saurait se limiter à des solutions techniques ou à des projets bien conçus. Plusieurs initiatives existent déjà, mais leur succès dépend avant tout de la capacité à dépasser les résistances sociales profondément ancrées dans les territoires. Dans bien des zones rurales, les relations entre communautés voisines restent marquées par d'anciens différends qui entretiennent la méfiance et freinent la coopération. Ces antagonismes, souvent hérités de l'histoire et mal résolus par les politiques publiques successives, continuent de constituer un frein majeur à toute dynamique collective durable.

Ainsi, avant même de penser à une intégration structurelle des systèmes agro-pastoraux, il est essentiel d'engager un travail de fond sur le plan social et culturel. Le dialogue, la médiation et l'éducation à la tolérance doivent précéder toute démarche technique. Sans cette base humaine et relationnelle, les solutions institutionnelles, aussi innovantes soient-elles, risquent de rester fragiles et éphémères.

Chapitre VII

L'agrobusiness au Sénégal : Entre opportunités économiques et défis sociaux et environnementaux.

Face à la raréfaction croissante des terres cultivables dans le monde, causée à la fois par l'explosion démographique mondiale et par les effets dévastateurs du changement climatique, symbolisés notamment par les inondations et les feux de brousse, entre autres, on observe depuis deux décennies une ruée massive vers les terres africaines, dont celles du Sénégal. Ce phénomène, souvent qualifié de tentative d'« accaparement des terres », reflète une quête effrénée de ressources agricoles par des investisseurs étrangers, cherchant à sécuriser leur approvisionnement alimentaire ou à développer des cultures d'exportation.

Le Sénégal, grâce à sa position géographique stratégique, son climat favorable, sa stabilité politique relative et la jeunesse de sa population, est devenu une destination privilégiée pour l'agrobusiness. Ces atouts attirent des investisseurs venus des quatre coins du globe, notamment des Indiens, des Chinois, des Hollandais et des Français, qui dominent largement ce secteur. Ces acteurs internationaux investissent dans des projets à grande échelle, allant de la production de légumes comme l'oignon et la pomme de terre à la culture de fruits destinés à l'exportation, comme les melons. Si ces investissements étrangers semblent, en surface, stimuler l'économie agricole sénégalaise, la réalité sur le terrain révèle des enjeux bien plus complexes.

En effet, notre séjour dans le Sénégal des profondeurs nous a permis de cerner la présence marquée de ces entreprises agricoles étrangères. Ce phénomène, sous couvert de valorisation des terres, cache parfois des pratiques qui soulèvent un certain nombre de questionnements, notamment sur les conséquences de telles implantations. Il est en effet établi que toute intervention étrangère dans un pays engendre à la fois des opportunités et des menaces pour les populations dites bénéficiaires. Ainsi, pour avoir le cœur net, nous sommes partis à la rencontre des travailleurs, souvent qualifiés d'ouvriers agricoles, employés par ces agrobusiness.

• En route vers les chantiers agricoles

Nous étions au mois de mai, en plein printemps. Les arbres, timidement, commençaient à se parer de feuilles nouvelles, et ce spectacle m'a rappelé les confidences de mon oncle Sidy Diarry. Lorsque j'étais enfant, il me parlait des signes annonciateurs de l'approche de l'hivernage, ces petits détails de la nature qui annoncent le changement des saisons. Ce jour-là, l'air était doux et léger, faisant frémir les branches des arbres que nous traversions. Ifra, un ami d'enfance, et moi marchions en direction de l'exploitation agricole, un vaste domaine de centaines d'hectares dédiés à la culture de l'oignon. Au départ, il m'avait proposé de prendre une charrette pour parcourir plus rapidement la distance, mais j'avais préféré marcher, souhaitant profiter du calme de la nature et de la beauté des paysages verdoyants qui s'étendaient autour de nous.

En chemin, nous avons engagé une discussion sur l'agriculture et l'élevage, deux piliers essentiels de l'économie de notre pays. Ifra, fin connaisseur du terrain pour avoir longtemps travaillé dans des entreprises agricoles, m'expliqua les défis auxquels font face les paysans : l'utilisation de matériels rudimentaires, par exemple, reste une contrainte majeure. Ces outils archaïques, tels que le hilaire, la houe ou la pioche, limitent la capacité à cultiver de grandes superficies, freinant ainsi la productivité et le développement agricole. J'écoutais attentivement, tout en observant le paysage qui défilait autour de nous.

Alors que nous dépassions le dernier village avant d'atteindre les vastes exploitations agricoles, le paysage se métamorphosait sous nos yeux. Les habitations en terre battue et les toits de chaume cédaient progressivement la place à d'immenses étendues herbeuses sèches où paissaient paisiblement des troupeaux de vaches et de chèvres. L'air, chargé d'une légère odeur de bouse[14] séchée, évoquait la présence proche des enclos de bétail.

Soudain, sur le bord du chemin poussiéreux, nous aperçûmes une femme qui marchait d'un pas assuré. Son teint hâlé par le soleil contrastait avec les motifs sombres de tatouages délicatement dessinés sur ses lèvres, ajoutant à son visage une beauté singulière et fascinante. Drapée dans un pagne aux couleurs éclatantes, elle portait sur sa tête une calebasse avec une grâce et une aisance qui témoignaient d'une habitude ancrée depuis l'enfance.

En nous approchant, elle nous adressa un sourire chaleureux et me demanda en pular, d'une voix douce, mais assurée : « hé, mon parent, ne souhaitez-vous pas acheter du lait ? » Sa voix avait une musicalité qui résonnait agréablement à mes oreilles. Sans hésiter, je répondis par l'affirmative, curieux de goûter au produit qu'elle offrait.

---

[14] La bouse de vache est le fumier produit par les bovins, composé principalement de matières organiques digérées et d'eau. Elle est largement utilisée comme engrais naturel dans l'agriculture pour enrichir les sols en nutriments, améliorer leur structure et favoriser la croissance des plantes. Dans certaines régions, elle est également employée comme combustible pour la cuisson ou comme matériau de construction traditionnel.

Elle hocha la tête avec satisfaction et, avec des gestes lents et précis, déposa sa calebasse remplie de lait sous l'ombre bienveillante d'un grand arbre. Le récipient, bien qu'usé par le temps, semblait presque sacré, comme un objet transmis de génération en génération.

Ifra et moi nous assîmes à côté d'elle, et elle nous servit le lait dans des tasses en bois sculpté. Le liquide, d'une blancheur éclatante, avait une texture onctueuse et un goût riche, légèrement sucré, que l'on ne trouve que dans les villages peuls, où les vaches paissent librement dans les pâturages naturels. Chaque gorgée était une invitation à savourer l'authenticité et la simplicité de cette vie rurale. Pendant que nous dégustions ce breuvage, elle nous raconta brièvement son quotidien, les longues distances qu'elle parcourait chaque jour pour vendre son lait, et la fierté qu'elle ressentait à perpétuer cette tradition familiale. Son récit était empreint de résilience et d'une profonde connexion avec la terre et ses animaux.

Lorsque vint le moment de repartir, je sortis un billet de cinq mille (5000) francs CFA de ma poche et le lui tendis. Elle me regarda avec surprise, puis avec gratitude, lorsque je lui dis de garder la monnaie. Son sourire s'élargit, et elle inclina légèrement la tête en signe de remerciement. Ce geste, bien que simple, semblait sceller une connexion humaine, un moment d'échange et de respect mutuel.

Avant de nous quitter, je lui demandai de nous indiquer le chemin le plus court menant aux exploitations agricoles. Elle pointa alors son doigt vers un sentier à peine visible, qui serpentait entre les arbres et les buissons. « Suivez ce chemin, il vous mènera directement aux champs », nous dit-elle avec assurance. Elle ajouta quelques conseils pour éviter les zones boueuses et les branches basses, montrant une connaissance intime du terrain. Nous la remerciâmes chaleureusement pour son aide et sa générosité.

Alors que nous nous éloignions, je me retournai une dernière fois pour la voir reprendre sa route, la calebasse de nouveau posée sur sa tête avec une grâce inégalée. Cette rencontre fugace, mais intense, resterait gravée dans ma mémoire comme un rappel de la beauté des traditions et de la générosité des gens que l'on croise sur les chemins moins fréquentés. Le sentier qu'elle nous avait indiqué s'avéra effectivement être le plus court, et nous atteignîmes bientôt les exploitations agricoles, où de nouveaux paysages et de nouvelles rencontres nous attendaient.

Après quelques minutes de marche, nous sommes enfin arrivés à destination. Essoufflés par la longue distance parcourue, nous avons pris un moment pour reprendre notre souffle.

- **Main-d'œuvre locale et agrobusiness : le mirage des emplois précaires**

Sur place, quelques ouvriers agricoles vaquaient encore à leurs tâches, portant leurs uniformes froissés par une journée de labeur. Il était déjà quatorze heures passées de quelques minutes, et ces hommes et femmes travaillaient sans relâche depuis le matin, conformément à l'organisation de l'entreprise. Certaines femmes, visiblement pressées de rentrer après une longue journée de labeur, se dépêchaient de quitter les lieux. Ifra m'a alors confié qu'elles devaient rentrer chez elles pour préparer le déjeuner et s'occuper des tâches domestiques qui les attendaient. J'ai été saisi d'une profonde admiration pour ces femmes courageuses, capables de concilier les exigences du travail agricole et les responsabilités familiales. Comment tenaient-elles un tel rythme, partagées entre les champs et le foyer ?

Cette question m'a conduit à réfléchir aux difficiles conditions de travail auxquelles ces ouvriers sont confrontés. Bien que l'entreprise offre des emplois, elle impose aussi des cadences épuisantes, des salaires modestes et peu de considération pour le bien-être des travailleurs. De plus, l'agriculture intensive pratiquée dans la zone soulève des inquiétudes quant à son impact sur l'environnement et les ressources naturelles. Ifra, grâce à ses relations avec une grande partie des ouvriers agricoles, organisa une rencontre informelle sous un margousier, un peu à l'écart des champs, faute de disposer d'un lieu plus approprié. Les échanges, intenses et sincères, se concentrèrent principalement sur le rôle et les pratiques des entreprises agricoles implantées dans la localité.

Un jeune homme d'une vingtaine d'années, visiblement le plus passionné et le plus déterminé, prit la parole pour décrire en détail les conditions de travail auxquelles lui et ses collègues étaient confrontés. Il reconnut cependant que ces entreprises avaient créé des emplois, offrant ainsi une source de revenus à de nombreuses familles locales, tout en dénonçant, avec véhémence, la modestie des salaires, l'absence de contrats stables et l'insuffisance des mesures de protection pour les travailleurs. Pendant qu'il s'exprimait, une partie de l'assistance hochait la tête en signe d'approbation, manifestant une solidarité évidente et un sentiment partagé d'injustice. Cette scène illustrait bien les tensions et les contradictions liées à la présence de l'entreprise agricole : d'un côté, une opportunité économique pour une région souvent délaissée, et de l'autre, des conditions de travail précaires qui soulèvent des questions fondamentales sur les droits des travailleurs et la justice sociale.

Les paroles du jeune homme résonnaient encore en moi tandis que nous nous dirigions vers les champs. Ce contraste frappant entre les revendications vibrantes des travailleurs et la sérénité apparente du paysage agricole en disait long sur la dualité de ce modèle. Une douce brise chargée d'effluves de terre humide et de jeunes pousses caressait nos visages.

Le paysage s'étendait devant nous, harmonieux et vivant : de vastes étendues de plantes verdoyantes ondulaient sous le vent, formant un manteau d'un vert éclatant qui contrastait avec l'ocre du chemin de terre. Non loin de là, une immense bâche plastique, tendue sur une structure métallique, laissait deviner la présence de cultures sous serre, sans doute des légumes précoces ou des plants fragiles à l'abri des caprices du climat.

Un bâtiment bas, coiffé d'un toit de fibres de ciment, se dressait discrètement à l'orée des champs. Ses murs blancs, légèrement écaillés par le temps et noircis par endroits par l'eau de la pluie, abritaient certainement le bureau de l'entreprise agricole. Par la fenêtre entrouverte filtrait une lueur tamisée, trahissant une présence humaine. Devant, une vieille table en bois, usée par les intempéries, et quelques caisses empilées complétaient ce décor rural, où se mêlaient le fonctionnel et le naturel. Des outils soigneusement rangés contre un mur, un hangar partiellement ouvert laissant entrevoir un tracteur rouillé qui avait certainement atteint sa durée d'amortissement, et, plus loin, le chant des oiseaux perchés sur les arbres qui bordaient par endroits le champ achevaient de donner à ce lieu une atmosphère paisible et laborieuse.

Près du hangar de stockage, des ouvriers, tout en sueur, s'affairaient autour des sacs d'engrais, préparant la fertilisation des terres. Les barbelés rouillés de la clôture, tordus par les années mais encore résistants, dessinaient une frontière fragile entre l'ordre des enclos et la liberté sauvage des pâturages. Leur fer érodé par les pluies et le vent murmurait des avertissements silencieux : il fallait contenir le bétail, le protéger de lui-même.

Non loin de là, sur les dunes herbacées balayées par une brise tiède, des troupeaux de vaches et de chèvres paissaient avec insouciance, leurs mufles plongés dans les touffes d'herbes sèches. Deux enfants, âgés d'environ onze à douze ans, portant des chaussures en plastique, les conduisaient d'un pas léger. Ils progressaient en riant, insensibles à la chaleur torride, coiffés de chéchias usées par le temps qui, malgré leur laine effilochée, filtraient tant bien que mal les rayons brûlants du soleil. Celui qui semblait être l'aîné avait sur son épaule un bidon d'eau en métal ondulé, dont le liquide clapotait à chaque geste, une provision essentielle pour les heures les plus brûlantes.

Tout autour, la nature paraissait suspendue dans un souffle imperceptible. L'herbe ondulait doucement au gré du vent, les insectes produisaient un léger bourdonnement dans l'air, et l'ombre des nuages caressait les collines distantes tel un geste réconfortant. Le panorama diffusait la quiétude de terrains minutieusement sculptés, où chaque sillon, chaque buisson, chaque pierre paraissait témoigner d'un pacte ancien entre l'homme et la nature.

Alors que nous discutions, Ifra et moi, de ces enjeux, je me suis demandé comment concilier développement économique et respect des droits des travailleurs. Comment préserver les traditions locales tout en modernisant les pratiques agricoles ? Ces questions, complexes et urgentes, résonnaient en moi alors que nous quittions l'exploitation agricole, laissant derrière nous les champs d'oignons et les silhouettes fatiguées des ouvriers qui continuaient leur dur labeur sous le ciel printanier.

Derrière ce paysage de contrastes se cache un équilibre fragile que les politiques publiques doivent urgemment repenser : l'agrobusiness peut soit éclipser, soit élever l'agriculture familiale. Tout dépendra des garde-fous mis en place.

Ainsi, la présence de ces acteurs de l'agrobusiness représente à la fois une menace et une opportunité pour le Sénégal. Si leur puissance financière et technologique peut fragiliser les petits exploitants, elle pourrait aussi, avec une régulation adaptée, stimuler l'économie agricole nationale. Face au développement fulgurant de l'agrobusiness, le gouvernement doit absolument protéger les petits exploitants agricoles, qui constituent l'épine dorsale de la sécurité alimentaire nationale. En effet, les petits exploitants familiaux, dont les moyens techniques et financiers sont limités, risquent de subir une concurrence déloyale de la part des grandes entreprises agricoles. Dotées de technologies avancées et de ressources considérables, ces dernières peuvent produire à moindre coût et inonder les marchés locaux, faisant baisser les prix et réduisant drastiquement les revenus des agriculteurs. Une telle situation aggraverait la précarité des populations rurales, déjà vulnérables.

- **Quelle gouvernance pour concilier agrobusiness et agriculture familiale ?**

Pour allier l'expansion économique et la sauvegarde des intérêts des producteurs locaux, il est indispensable d'opter pour une démarche stratégique qui prend en considération tant les tendances du marché en général, que les réalités locales, en particulier. Une première action envisageable consisterait à guider les sociétés agricoles étrangères vers l'exportation de leur production.

Cette approche favoriserait l'organisation du secteur agricole autour d'une complémentarité entre les grandes exploitations orientées vers l'international et les petits producteurs concentrés sur l'approvisionnement du marché domestique. En déléguant la promotion locale à ces acteurs, on leur fournirait un environnement économique sécurisé qui assurerait une stabilité relative des prix et des marchés plus fiables. Cela constituerait un levier puissant pour encourager les exploitants familiaux à augmenter leurs surfaces cultivées et à améliorer leurs rendements, afin de répondre à une demande intérieure mieux valorisée.

En outre, la spécialisation des sociétés étrangères dans l'exportation pourrait offrir des revenus additionnels à l'État, notamment par le biais des droits de douane et des taxes d'exportation. Ces fonds pourraient être réaffectés pour soutenir l'agriculture paysanne : accès aux semences, à la formation, aux équipements de mécanisation ou à l'irrigation.

En définitive, l'objectif de cette démarche n'est pas de créer un antagonisme entre l'agriculture familiale et l'agriculture industrielle, mais plutôt de structurer leur cohabitation en s'appuyant sur une distribution judicieuse des marchés. Elle offrirait par conséquent un moyen d'encourager le développement économique tout en renforçant la sécurité alimentaire et les moyens de subsistance des petits producteurs.

Pour concrétiser cette vision d'une agriculture sénégalaise à deux vitesses, où l'agro-industrie exportatrice coexisterait harmonieusement avec une paysannerie dynamique tournée vers le marché intérieur, une feuille de route opérationnelle s'impose. Le passage des principes à l'action nécessite un dispositif complet articulé autour de six piliers stratégiques :

1. La mise en place d'un cadre légal et réglementaire

La première étape consiste à encadrer juridiquement la distinction entre production destinée à l'exportation et celle réservée au marché intérieur. Cela suppose :

- Une définition précise des cultures concernées (par exemple, oignon, pomme de terre, melon),
- La création d'un dispositif de régulation des flux agricoles selon leur destination (locale ou d'exportation),
- L'obligation pour les entreprises agricoles étrangères d'obtenir des autorisations spécifiques pour l'exportation de certains produits,

• L'interdiction ou la limitation, pour ces mêmes entreprises, de vendre certains produits sur les marchés locaux, afin d'éviter la concurrence déloyale avec les petits exploitants.

Ces mesures s'inspirent des recommandations de la FAO sur la gouvernance responsable des ressources agricoles et la régulation des marchés. Elles s'inscrivent également dans les évolutions récentes visant à renforcer la participation des petits producteurs et à rendre les systèmes agroalimentaires plus inclusifs et résilients.

Pour que ce cadre soit efficace, il doit rester évolutif, capable de s'adapter aux dynamiques commerciales, aux crises sanitaires et climatiques, ainsi qu'aux impératifs de souveraineté alimentaire. C'est seulement ainsi que les politiques publiques pourront soutenir à la fois la compétitivité des filières et la sécurité économique des communautés rurales.

2. Une politique fiscale adaptée et incitative

Pour encourager cette orientation vers l'export, l'État peut :

• Adapter la fiscalité à l'export en instaurant des droits de sortie modulés. Ces droits pourraient être réduits pour les produits à forte valeur ajoutée ou ceux issus de filières durables, les rendant plus compétitifs à l'international.

• Soutenir la transition des producteurs par des crédits d'impôt ou des exonérations ciblées. Ces avantages pourraient être conditionnés à des investissements dans la qualité, la transformation locale, l'adoption de pratiques agroécologiques ou la mutualisation des moyens via des coopératives.

• Créer un fonds de pérennisation agricole, alimenté par une partie des recettes d'exportation. Ce fonds serait destiné à financer l'innovation, la résilience climatique et l'inclusion des petits exploitants dans les chaînes de valeur structurées.

Cette approche est corroborée par les travaux récents d'organisations internationales, comme **la** Banque mondiale (2022), qui souligne que des incitations fiscales bien conçues, couplées à des investissements dans la productivité, sont plus efficaces pour un développement agricole durable que des taxes à l'export pures et simples. De même, l'OCDE (2023) met en avant la nécessité de politiques cohérentes qui visent à la fois à générer des recettes et à construire des secteurs agricoles compétitifs et résilients.

3. Le renforcement des capacités des petits producteurs

Afin que les petits exploitants puissent répondre à la demande locale croissante, il faut investir dans :

- La formation technique (pratiques culturales, gestion des intrants, conservation post-récolte),
- L'accès facilité au foncier, à l'eau, aux semences certifiées, aux engrais, à l'équipement et au financement.
- Des partenariats public-privé ou avec des ONG pourraient jouer un rôle important dans ces domaines.
- Des coopératives de production, horizontales (même produit) ou verticales (en chaîne) ;
- Des groupements d'intérêts économiques.

Face à ce constat, plusieurs axes d'amélioration s'imposent pour consolider ces organisations : la modernisation de leurs outils de gestion, l'intensification du plaidoyer pour un accès facilité aux intrants, la diversification des partenariats et le développement de stratégies climatiques résilientes. En complément, l'État devrait instaurer des subventions pour les intrants, réguler l'accès aux terres agricoles et faciliter l'obtention de crédits à taux préférentiels. Ces mesures, tout en préservant l'ancrage communautaire qui fait la force de ces organisations, pourraient transformer significativement leur capacité à soutenir l'agriculture familiale.

4. Amélioration de la logistique et des circuits de distribution locaux

Protéger le marché intérieur ne suffit pas si les petits producteurs n'ont pas les moyens d'y accéder. Il faut donc :

- Développer des infrastructures de transport rural et des marchés de gros, de demi-gros et de détail.

- Promouvoir des systèmes de collecte locale, de distribution et des chaînes de froid,

- Mettre en place des plateformes de distribution (physiques ou numériques) connectant directement producteurs et consommateurs ou détaillants.

Ces éléments sont essentiels à la compétitivité des petits producteurs, comme le montre l'Initiative Prospective Agricole et Rurale (IPAR, 2016) dans son analyse des contraintes structurelles de l'agriculture sénégalaise.

5. Un système de surveillance et de régulation des flux agricoles

Pour assurer l'application de cette politique, il est essentiel d'avoir un système de suivi performant. Cela comprend :

- La reconnaissance et le suivi des productions en fonction de leur destination (locale ou exportation),

- Des vérifications fréquentes aux frontières et sur les marchés pour prévenir toute fraude ou tout contournement du système,

- Une base de données unifiée des producteurs et exportateurs, à la disposition des autorités compétentes.

6. Dialogue continu entre acteurs du secteur public et privé

Finalement, cette stratégie ne peut être couronnée de succès que si elle s'appuie sur une communication régulière entre l'État, les porte-parole des producteurs locaux, les exploitations agricoles internationales et les autorités locales. On pourrait constituer un comité composé de diverses parties prenantes pour examiner régulièrement l'impact de la mesure et adapter les arrangements en conséquence.

En adoptant cette approche globale et articulée, le Sénégal pourrait à la fois dynamiser l'agrobusiness et préserver l'agriculture familiale, garantissant ainsi des revenus décents pour les paysans tout en renforçant l'ensemble du secteur agricole national et sa souveraineté alimentaire.

Au-delà de ces six piliers stratégiques, le renforcement des coopératives agricoles émerge comme un levier complémentaire déterminant pour consolider l'agriculture familiale. En effet, ces structures organisationnelles constituent la pierre angulaire d'un développement agricole inclusif, comme en témoigne l'étude que j'ai menée en novembre 2020 sur le projet de riposte et de résilience de l'agriculture face à la Covid-19. Le renforcement des coopératives agricoles apparaît comme une solution clé pour soutenir l'agriculture familiale. Ces structures permettent aux exploitants d'accéder à du matériel moderne, de bénéficier de formations adaptées et d'améliorer la commercialisation de leurs récoltes. Une analyse approfondie des coopératives regroupées au sein du Réseau des organisations paysannes (RESOP), effectuée dans le cadre de cette étude, a révélé que ces organisations de producteurs disposent d'atouts majeurs : une large base de membres, un personnel qualifié, des services diversifiés et un ancrage communautaire solide, souvent matérialisé par des sections villageoises et des partenariats durables, notamment avec la SONACOS.

Cependant, ces organisations font face à des défis importants qui freinent leur développement :

- Un retard technologique marqué par une faible utilisation des TIC
- Des contraintes financières persistantes
- Un accès limité aux intrants subventionnés par l'État
- Une insuffisance d'équipements agricoles modernes (tracteurs, batteuses…)

Le contexte actuel, marqué par la politique gouvernementale axée sur la mise en place de coopératives agricoles, présente néanmoins des opportunités prometteuses, particulièrement dans le renforcement des collaborations avec les partenaires au développement. Mais ces perspectives doivent être mises en balance avec des menaces structurelles :

- Le faible pouvoir d'achat des membres
- La dépendance aux aléas climatiques
- La concurrence des intrants subventionnés.

En adoptant cette approche globale, nous pourrions à la fois dynamiser l'agrobusiness et préserver l'agriculture familiale, garantissant ainsi des revenus décents pour nos paysans tout en renforçant l'ensemble du secteur agricole national.

Toutefois, au-delà des principes et des mesures à mettre en œuvre, il est essentiel d'écouter ce que disent les territoires. Car derrière les stratégies bien conçues, ce sont des femmes, des hommes et des enfants qui vivent, s'adaptent ou parfois subissent ces transformations agricoles. Pour saisir pleinement les effets de cette dynamique à deux vitesses sur les réalités locales, nous avons pris la route vers les communes de Syer et de Mbane, où une entreprise agricole est installée depuis quelques années, à la rencontre de ceux dont les voix restent souvent en marge des débats nationaux. À Mar et Louguéré Baila, les récits recueillis dévoilent une autre facette du développement agricole.

- **Mar et Louguéré Baila : entre promesses et désillusions**

Nous quittâmes Keur Momar Sarr aux environs de quatorze heures, tandis que le tumulte du marché hebdomadaire emplissait l'air de clameurs et de senteurs mêlées. Nous empruntâmes le pont jeté entre les deux bras du lac de Guiers, guidés par Amadou, un éleveur du cru dont la démarche tranquille contrastait avec l'effervescence du village. En l'absence de routes praticables, nous suivîmes les pistes sablonneuses et argileuses, serpentant dans un paysage hésitant entre brousse et villages clairsemés. Par moments, nous nous perdions, mais la disponibilité des habitants croisés en chemin nous remit sur la bonne voie.

Après une heure vingt-cinq minutes de route cahoteuse, nous arrivâmes à Mar, un petit village niché au cœur de la commune de Mbane. Le soleil déclinait, projetant une lumière douce sur les cases et les bâtiments sobres dispersés.

Mody Sow, que je rencontrais pour la première fois après plusieurs échanges téléphoniques, nous accueillit avec chaleur. Il nous fit entrer dans une pièce modeste, tapissée de nattes tressées et de matelas aux épaisseurs familières à ceux qui ont fait de la sobriété un mode de vie.

Sa silhouette svelte contrastait avec la voix rauque que j'avais découverte au bout du fil, une voix qui trahissait à la fois l'assurance de l'homme public et la rudesse des années passées à côtoyer le terrain. Mody n'était pas de ceux qui s'excusent d'occuper l'espace. Engagé en politique depuis sa jeunesse, il avait appris à manier les mots comme les armes, mais aussi à tendre l'oreille quand il le fallait, conscient que l'influence ne se construit pas uniquement dans les discours.

Actif dans le secteur de l'élevage, il s'était forgé une réputation solide, fruit d'années de négociations avec des éleveurs, de rencontres dans les marchés à bétail et de projets menés pour moderniser la filière. Cette double casquette, homme politique et acteur économique, lui avait ouvert des portes et permis de bâtir un réseau impressionnant.

Devant moi, il le déroulait sans hésitation, égrenant les noms avec la précision d'un conteur qui connaît par cœur son répertoire. Chaque nom n'était pas seulement un contact, mais un jalon, marquant une étape de son parcours : un maire rencontré dans une campagne électorale, un ministre croisé lors d'une conférence, un investisseur convaincu après de longues discussions, ou encore un éleveur devenu un allié indéfectible. On devinait dans ce chapelet de relations l'architecture patiente de son ascension, faite de confiance gagnée et d'alliances scellées au fil du temps.

Une femme d'âge mûr, les lèvres tatouées selon la tradition, préparait le thé dans un coin de la pièce. Après les salutations d'usage, Mody, que l'on appelle ici affectueusement Golu, demanda à sa femme de nous servir le repas. Un plat de riz au poisson, simple et généreux, fut apporté peu après. Nous le partageâmes en silence, ponctué de sourires discrets et de gestes pleins de retenue. « C'est le riz de la vallée », glissa Mody avec une pointe de fierté dans la voix, avant d'en vanter les vertus, son parfum, sa texture. « Avec le riz de la vallée, on digère vite », ajouta-t-il avec un sourire, comme s'il confiait un secret bien connu des siens.

Peu à peu, la pièce se remplit. D'abord quelques femmes venues écouter, puis d'autres, attirées par la rumeur d'une discussion qui s'annonce importante. Dans un coin de la maison, des vaches ruminaient calmement des tiges de mil fraîchement déposées. L'ambiance était paisible, presque familière. Et c'est dans cette atmosphère que les récits commencèrent à se dévoiler.

À Mar, le quotidien des habitants est désormais rythmé par les activités de l'entreprise agricole, celle que tous appellent « l'entreprise indienne ». Cette dernière exploite près de mille hectares pour la production d'oignons et de pommes de terre, tout en consacrant quelques parcelles à la culture du mil, destiné à l'alimentation du bétail. L'entreprise mène aussi quelques actions sociales selon les habitants du village rencontrés : distribution de dons pendant le Ramadan, construction d'un poste de santé, mise à disposition d'une ambulance.

Mais derrière ces gestes, les frictions sont nombreuses. Les femmes dénoncent une rémunération dérisoire : deux mille FCFA pour sept heures de travail quotidien. À cela s'ajoutent les difficultés de transport : certaines parcourent parfois plus de deux kilomètres à pied chaque matin pour rejoindre les champs, faute de place dans le véhicule mis à leur disposition, qui ne peut accueillir tout le monde à la fois.

Mody Sow, lui, alerte sur les dangers pour l'élevage :

« *Depuis l'arrivée de l'entreprise, même les arbres ne poussent plus comme avant. Je préfère conduire mon troupeau loin de là. Pendant l'hivernage, les pâturages se réduisent à cause des cultures des villageois et de l'expansion de l'entreprise agricole. Et pendant les récoltes, leurs camions obstruent les chemins du bétail. Tout tourne autour de leur calendrier, jamais du nôtre.* »

Après nos échanges avec les populations de Mar, nous nous dirigeâmes vers Baila Louguéré. Ce village, situé à quelques kilomètres au sud-est du village de Mar, se trouvait à quelques encablures des exploitations agricoles. Mody nous indiqua la voie à suivre, alors que nous traversions la savane aride où seuls quelques arbustes rabougris rompaient la monotonie d'un horizon sans relief.

Baila Louguéré, situé dans la commune de Syer, partageait le sort de nombreux villages déplacés pour faire place aux vastes cultures d'oignons et de pommes de terre. Reconstruit en marge des nouvelles exploitations agricoles, il présentait une singularité frappante : ses bâtiments d'un blanc immaculé, uniformément recouverts de chaux, scintillaient sous le soleil implacable. Cette blancheur extrême donnait aux lieux une ambiance presque irréelle, comme s'ils flottaient entre le souvenir des maisons désertées et la tangible présence de ce nouvel établissement.

L'appellation « village blanc », par les populations, partagée par l'ensemble de ces hameaux refaits, allait au-delà d'une simple caractérisation architecturale. Elle représentait leur statut incertain : étaient-ils des refuges de reconstruction ou les traces manifestes d'une transformation territoriale majeure ? Ce blanc, représentant à la fois la pureté et le néant, semblait poser une question à chaque visiteur sur le coût du progrès dans l'agriculture. Le frère du chef du village, qui a vécu en première ligne cette phase de transition, nous a livré un récit touchant, rempli de réminiscences et de résistance :

« *Les autorités d'alors ont proféré des menaces, en nous intimant de quitter les villages qui nous ont vu naître. On n'a pas eu le choix. Aucun soutien pendant les négociations. On était seuls. Heureusement, l'entreprise agricole a facilité l'accès à l'eau pour les nouvelles parcelles, et lancé la culture de mil pour le bétail. Certains ont perçu une indemnité de déplacement. Il y a maintenant des bâtiments solides, de l'eau courante. Mais l'avenir est flou. Il déplora le canal à ciel ouvert qui borde l'exploitation agricole, qui constitue une menace permanente pour le bétail* ».

Il poursuit, inquiet :

« *Nos enfants risquent de rester sans emploi, pendant que d'autres, venus d'ailleurs, sont recrutés. Les terrains ont été mesurés, mais nous attendons toujours les titres d'occupation. Et l'environnement aussi souffre. On sent souvent les odeurs âcres des produits chimiques, portées par le vent.* »

Un autre habitant du village qui était assis à côté de la porte renchérit en abondant dans le même sens : « *aujourd'hui, une autre crainte grandit : la mécanisation. Avec toutes ces machines, on se demande si notre présence sera encore nécessaire dans ces champs. Nous avons peur que nos jeunes n'aient plus de place et que le travail manuel devienne inutile.*

À Mar comme à Louguéré Baila, les récits se ressemblent. Derrière la vitrine d'un développement agricole moderne, les voix locales peinent à se faire entendre. Les populations bénéficient parfois de retombées, mais rarement, selon leurs propres termes.

En toile de fond, l'essor de l'agrobusiness soulève des questions de fond. Dans plusieurs villages des communes de Keur Momar Sarr, Syer et Mbane, des terres fertiles ont été cédées à des investisseurs, modifiant en profondeur les modes de vie. De nombreux éleveurs et agriculteurs traditionnels ont été déplacés, privés de leurs espaces de culture ou de pâturage.

La réduction progressive des pâturages menace directement l'élevage extensif, fragilisant un équilibre social et écologique ancestral. À cela s'ajoutent les effets du changement climatique, qui amplifient les tensions sur les ressources naturelles. L'expansion continue des grandes exploitations agricoles réduit les marges de manœuvre des communautés rurales, qui se retrouvent à la fois économiquement marginalisées et écologiquement exposées.

Le développement n'est pas en soi le problème. Mais lorsqu'il se fait sans véritable dialogue, sans respect des équilibres locaux, sans redistribution équitable, il devient source d'exclusion, de conflits latents et de désillusions durables.

- **Agrobusiness au Sénégal : Entre promesses de développement et fractures sociales.**

Dans les localités visitées, de Saint-Louis à Syer, l'arrivée de l'agrobusiness a marqué un tournant dans la vie des habitants, apportant à la fois des opportunités et des défis complexes. Les habitants de ces villages, autrefois tournés vers des activités agricoles traditionnelles, ont vu leur quotidien transformé par de grandes exploitations. Mais derrière les promesses de développement économique se cachent des réalités plus préoccupantes, qui touchent profondément les familles, la santé et l'environnement.

Au cœur des préoccupations des habitants se trouve la déperdition scolaire, un phénomène qui prend de l'ampleur et menace l'avenir des jeunes générations. Dans les villages, il n'est pas rare de croiser des adolescents et de jeunes adultes qui, après avoir atteint le lycée, abandonnent prématurément leurs études. Ces jeunes, souvent issus de familles modestes, sont attirés par l'appât d'un revenu immédiat et se laissent séduire par les promesses des agrobusiness locaux. Ces entreprises, en quête de main-d'œuvre bon marché, recrutent massivement ces jeunes, leur offrant un salaire qui, bien que dérisoire, semble préférable à l'incertitude d'un avenir scolaire problématique.

Cependant, cette décision, prise sous la pression des difficultés économiques et des pressions familiales ou par manque de perspectives éducatives claires, se transforme bien souvent en un piège. Une fois engagés dans ces emplois, les jeunes se retrouvent enfermés dans un cycle de précarité.

Les salaires proposés, déjà faibles à l'origine, n'ont pas évolué, malgré la hausse généralisée des prix et l'inflation galopante. Ces travailleurs, souvent non qualifiés, peinent à subvenir à leurs besoins essentiels et à ceux de leurs familles. Sans protection sociale ni possibilité de formation continue, ils se retrouvent dans une situation économique fragile, sans réelle perspective d'amélioration ou de mobilité professionnelle.

Cette réalité soulève des questionnements sur l'accès à l'éducation et les possibilités économiques disponibles pour ces jeunes. Le décrochage scolaire les prive de la chance d'acquérir des compétences et des niveaux de qualification qui pourraient leur permettre d'envisager des postes plus stables et mieux payés. En outre, le manque d'infrastructures éducatives adaptées, de systèmes de soutien scolaire ainsi que de sensibilisation des familles à l'importance de l'éducation constitue un autre niveau de complexité.

Pour s'assurer que ces cycles de vulnérabilité soient abordés efficacement, une approche multifacette est nécessaire pour changer la perception et l'attitude envers ces aspects. Une telle approche peut inclure la création de programmes de sensibilisation éducative, la mise en place de bourses d'études ou d'aides financières pour les familles les plus pauvres, et la création d'écoles professionnelles conçues pour répondre aux besoins du marché local. Dans le même temps, il est important de renforcer la réglementation sur les pratiques agroalimentaires afin de garantir des conditions de travail décentes, de sorte que, pour les jeunes, le travail précaire ne soit pas la seule option disponible.

En définitive, la déperdition scolaire traduit la profondeur des inégalités sociales et économiques qui marquent encore ces territoires. Tant qu'aucune action cohérente et durable n'est mise en œuvre, nombre de jeunes resteront enfermés dans un cercle de précarité qui étouffe leurs aspirations et freine le développement de leurs communautés.

Sur le plan social, l'agrobusiness a également bouleversé les équilibres familiaux. Les femmes, en particulier, consacrent une grande partie de leur temps et de leur énergie aux travaux des exploitations. Bien que leur contribution soit essentielle à la production, ces activités, souvent physiquement éprouvantes, réduisent le temps qu'elles peuvent accorder à la gestion du foyer, sans pour autant les en détacher complètement. Cette situation a parfois engendré des tensions au sein des couples, selon des témoignages recueillis auprès des travailleurs. Les enfants, quant à eux, grandissent dans un environnement familial fragilisé, où le manque de temps et d'attention des parents se fait cruellement sentir. Cette déficience attentionnelle peut influencer leur épanouissement émotionnel et cognitif : les problèmes académiques, les perturbations comportementales ou l'insuffisance de confiance en soi peuvent parfois en être des signes.

Dans ces mêmes familles, déjà fragilisées par les tensions domestiques, c'est désormais la peur des maladies professionnelles qui s'insinue. La santé des travailleurs est une autre source d'inquiétude majeure pour les habitants, reflétant les conditions de travail précaires dans les entreprises agricoles locales. Les produits chimiques utilisés dans ces exploitations, notamment les pesticides et les engrais, exposent les employés à des risques sanitaires graves et souvent sous-estimés. Ces substances, indispensables pour maximiser les rendements agricoles, sont pourtant nocives pour l'homme, surtout lorsqu'elles sont manipulées sans précautions adéquates.

Les travailleurs, souvent peu informés des dangers qu'ils encourent, sont quotidiennement en contact avec ces produits, que ce soit lors de leur épandage, de leur stockage ou de leur application sur les cultures. Malgré ces dangers, les mesures de protection peuvent s'avérer parfois insuffisantes. Dans certains cas, les équipements de sécurité de base, tels que les gants, les masques ou les combinaisons adaptées, ne sont pas systématiquement fournis aux employés. Par ailleurs, les formations sur les bonnes pratiques de manipulation des produits chimiques restent limitées dans certaines structures, laissant les travailleurs démunis face à des risques qu'ils ne comprennent pas toujours.

Cette négligence a des conséquences directes sur leur santé, selon le Bureau international du Travail (BIT, juin 2000), dans son rapport sur la sécurité et la santé dans l'agriculture, qui souligne que les travailleurs agricoles sont particulièrement exposés à des maladies professionnelles telles que l'eczéma allergique et les allergies respiratoires, souvent liées à l'usage de produits chimiques, aux conditions de travail extérieures ou au manque de protection adéquate.

Une grande partie des villageois interrogés sur ce phénomène déplore cette situation, exprimant leur frustration face à l'inaction des responsables. Certains évoquent un manque d'attention portée à la santé et à la sécurité des travailleurs, parfois perçus comme une main-d'œuvre facilement remplaçable. Face à cette situation, les habitants appellent à une meilleure prise en compte de la santé et de la sécurité des travailleurs. Ils appellent à des mesures concrètes et permanentes, telles que la distribution d'équipements de protection, la mise en place de formations obligatoires sur l'utilisation des produits chimiques et un suivi médical régulier pour les employés exposés.

Par ailleurs, ils insistent sur la nécessité d'une régulation plus stricte des pratiques de l'agrobusiness, afin de garantir des conditions de travail décentes et de prévenir les risques sanitaires à long terme. En somme, la santé des travailleurs est un enjeu crucial qui met en lumière les lacunes des systèmes de protection sociale et de régulation du travail dans ces localités. Sans une intervention rapide et efficace, ces travailleurs continueront de payer un lourd tribut à leur activité professionnelle, compromettant non seulement leur propre avenir, mais aussi celui de leurs familles et de leurs communautés. Une prise de conscience collective et des actions concrètes sont indispensables pour inverser cette tendance et garantir un environnement de travail sûr et respectueux des droits fondamentaux.

• Quand l'environnement aussi souffre

La précarité humaine et sanitaire ne représente pourtant qu'une facette d'un problème plus large, où la nature elle-même paie un lourd tribut au modèle agro-industriel. L'environnement subit également de lourdes conséquences des activités de l'agrobusiness. Les cours d'eau à proximité de ces exploitations agricoles sont fréquemment exposés à la pollution. Un habitant du village de Mbaxna, situé dans le département de Saint-Louis, témoigne de l'impact négatif sur son environnement : le marais saillant qui jouxte le village, autrefois un joyau naturel avec une eau limpide, est aujourd'hui sérieusement menacé par l'écoulement des eaux usées provenant de l'entreprise agricole installée à quelques encablures du village.

Ce marais, qui faisait jadis la fierté des habitants et attirait des visiteurs pour sa beauté, a aujourd'hui perdu de son éclat d'antan. Cet habitant, profondément affecté, lance un cri du cœur pour alerter sur cette dégradation environnementale. Il souligne également un phénomène alarmant : les oiseaux migrateurs, qui enrichissaient autrefois la biodiversité locale, se font désormais de plus en plus rares. Ces oiseaux, attirés par la richesse écologique de la région, étaient un symbole de la coexistence harmonieuse entre la nature et les communautés humaines.

Pour lui, il est impératif d'agir rapidement pour protéger ce patrimoine naturel, qui joue un rôle crucial dans l'équilibre environnemental et dans le bien-être des communautés locales. Par ailleurs, il appelle à une meilleure protection de la santé des travailleurs agricoles, souvent exposés aux risques liés à l'utilisation de produits chimiques ou aux conditions de travail insalubres, trop souvent sacrifiés au nom du profit. Cette situation met en lumière l'urgence de concilier développement économique et respect de l'environnement, tout en plaçant les besoins des populations locales et la préservation des écosystèmes au centre des priorités.

- **Entre défis environnementaux et opportunités de développement équitable**

Si le bilan environnemental et social de l'agrobusiness révèle des impacts préoccupants, une réorientation stratégique pourrait transformer ces défis en opportunités de développement équitable. Cependant, cette situation n'est pas sans issue : l'agrobusiness, qui occupe deux cent soixante-dix mille neuf cent huit (270 908) ha, soit 3 % des terres arables, selon le Centre de coopération internationale en recherche agronomique pour le développement (CIRAD, 2024), pourrait également offrir des opportunités pour les communautés locales, à condition que l'on fasse preuve d'une volonté forte, d'une gestion transparente et d'une fiscalité locale innovante.

Une piste intéressante pour renforcer l'autonomie financière des collectivités locales et encadrer l'usage des terres serait la mise en place d'une redevance au mètre carré sur les superficies exploitées par les entreprises agricoles étrangères. Toutefois, la faisabilité d'un tel dispositif suppose une réflexion approfondie sur plusieurs aspects : la capacité des communes à évaluer et à recouvrer ces redevances, la clarté du cadre juridique foncier et la volonté politique d'en assurer le suivi. Si ces conditions sont réunies, cette mesure pourrait effectivement contribuer au développement local.

Prenons un exemple concret : une redevance annuelle de vingt-cinq (25) francs CFA par mètre carré, appliquée à une entreprise exploitant dix mille hectares, soit cent millions de mètres carrés, permettrait à la commune concernée de percevoir environ 2,5 milliards de francs CFA par an. Ce chiffre, bien qu'hypothétique, donne une idée du potentiel de ce type de mesure, surtout dans un contexte où la majorité des communes rurales peinent à disposer d'un budget annuel excédant cinquante millions de francs CFA. Ce serait donc, à l'échelle locale, un levier financier majeur.

Mais pour que cette manne serve réellement les populations, elle ne doit pas simplement alimenter les caisses communales : elle doit être encadrée par une stratégie de réinvestissement clairvoyante et participative. Les fonds collectés pourraient, par exemple, financer la construction ou la réhabilitation d'écoles, de centres de santé ou de marchés ruraux. Ils pourraient également servir à soutenir les producteurs locaux à travers la mise en place de banques de semences, de magasins de stockage ou encore de formations en techniques agricoles durables. En ciblant les besoins prioritaires identifiés avec les habitants, cette approche renforcerait non seulement les capacités locales, mais aussi la légitimité des autorités communales.

Au-delà de l'aspect financier, ce système aurait également une valeur symbolique et politique forte : il affirmerait le droit des collectivités à tirer profit de leurs ressources, tout en posant un cadre équitable à la présence des investisseurs étrangers. L'objectif n'est pas d'entraver les initiatives privées, mais d'en conditionner les bénéfices à un partage plus juste de la valeur créée. En imposant cette forme de redevabilité territoriale, on créerait les bases d'un partenariat plus équilibré, où l'exploitation des terres ne serait plus synonyme de dépossession, mais deviendrait un moteur de développement partagé.

En somme, l'instauration d'une redevance foncière adaptée pourrait devenir un outil structurant de gouvernance locale, conciliant efficacité économique, justice sociale et durabilité. Il est en effet indéniable que les entreprises agricoles, lorsqu'elles sont bien intégrées dans les dynamiques locales, peuvent jouer un rôle crucial dans le développement de l'agriculture sénégalaise.

Ces entreprises, avec leur production de grande envergure et leurs ressources financières substantielles, pourraient être déterminantes pour la croissance du secteur agricole au Sénégal. Grâce à leurs ressources techniques, logistiques et financières, elles peuvent ensemencer des milliers d'hectares, contribuant de la sorte à la production de céréales indispensables pour subvenir aux besoins alimentaires des populations.

Cette capacité est d'autant plus cruciale dans un contexte où le Sénégal, comme de nombreux pays d'Afrique de l'Ouest, fait face à des défis majeurs en matière de sécurité alimentaire. En effet, le Sénégal importe près d'un million de tonnes de riz par an, une dépendance qui pèse lourdement sur l'économie nationale et contribue au déficit de la balance commerciale. Ces importations massives, bien qu'elles répondent à une demande intérieure croissante due à l'explosion démographique, représentent une fuite de devises considérable et soulignent la nécessité de renforcer la production locale.

Dans ce contexte, les entreprises agricoles peuvent jouer un rôle essentiel dans la mise en œuvre de la politique de souveraineté alimentaire du pays en investissant dans des techniques modernes d'agriculture, en optimisant l'utilisation des ressources disponibles et en augmentant les rendements. Le potentiel pour y parvenir est considérable, notamment grâce aux ressources naturelles dont dispose le Sénégal, comme le potentiel hydrique important de la vallée du fleuve Sénégal, où la SAED (Société nationale d'aménagement et d'exploitation des terres du delta du fleuve Sénégal) œuvre depuis des décennies pour aménager et irriguer des terres agricoles, ou encore dans le bassin de l'Anambé, où la SODAGRI (Société de développement agricole et industriel du Sénégal) contribue à la mise en valeur des terres et à la promotion de l'agriculture intensive.

De plus, une coopération étroite entre le secteur public, le secteur privé et les organisations paysannes est indispensable pour optimiser l'impact des actions en cours. Il est indéniable qu'il ne suffit pas de se focaliser uniquement sur la culture du riz paddy ; il est également indispensable de transformer ce riz paddy en riz brisé ou entier pour satisfaire les exigences du marché, tant local qu'international. Cela implique l'établissement d'un mécanisme bien organisé et cohérent pour le développement des chaînes de valeur du riz, comprenant des installations de transformation à la pointe de la technologie, des infrastructures appropriées pour le stockage ainsi que des systèmes de distribution performants.

Cette approche intégrée de la filière rizicole ne trouvera toutefois sa pleine efficacité qu'à travers une synergie renforcée entre tous les acteurs clés du développement agricole. Dans ce contexte, il est crucial d'assurer un transfert de technologies aux communautés locales, comprenant des formations sur les méthodes de production et de transformation, l'accès à du matériel moderne et l'intégration de techniques agricoles durables. Avec ces instruments, les communautés seront à même de cultiver d'importantes superficies, d'augmenter leurs productions et de perfectionner la qualité de leurs produits, renforçant ainsi les acquis existants et établissant les fondements d'une souveraineté alimentaire pérenne.

En définitive, les entreprises agricoles, en collaboration avec des entités telles que la SAED et la SODAGRI, occupent une position clé dans la métamorphose du secteur agricole du Sénégal.

En exploitant pleinement le potentiel hydrique et les terres aménageables, elles peuvent contribuer à réduire les importations de riz, à améliorer la balance commerciale et, surtout, à garantir la souveraineté alimentaire du Sénégal. Cette transition vers une agriculture plus productive et résiliente est non seulement une nécessité économique, mais aussi un impératif social pour assurer un avenir durable aux générations futures.

Au Sénégal, l'agrobusiness constitue un pilier essentiel de l'économie, mais il engendre d'importants enjeux, à savoir l'accès équitable aux ressources, la protection des terres agricoles et la redistribution des profits. L'essor des grandes exploitations agro-industrielles risque de porter préjudice aux petits producteurs locaux, exacerbant les disparités et mettant à mal les systèmes agricoles traditionnels. Toutefois, si les autorités réussissent à réglementer ces activités de façon juste et inclusive, ce domaine pourrait se transformer en un puissant moteur de développement économique et social.

Pour réaliser cet objectif, il est essentiel de mettre en place une gouvernance rigoureuse et cohérente. Avoir de bonnes intentions ou des plans bien formulés n'est pas suffisant : il est également nécessaire d'établir des dispositifs concrets pour réguler les pratiques et assurer un minimum de justice sociale et environnementale. Cela nécessite principalement l'établissement de règles précises et strictes, mises en œuvre de façon transparente et équitable.

L'objectif principal est d'éviter que la propriété foncière ne soit concentrée entre les mains d'un petit groupe d'entrepreneurs, souvent venus de l'étranger, dont les intérêts peuvent diverger de ceux des communautés locales. En l'absence d'un cadre juridique robuste, il existe des risques d'accaparement, de spéculation ou d'exploitation abusive, ce qui peut conduire à la marginalisation des petits producteurs, à la privation d'accès aux ressources naturelles et au renforcement des inégalités rurales.

Par ailleurs, une gouvernance adéquate doit assurer la qualité et l'équité des accords conclus entre les investisseurs et les communautés. Il arrive trop fréquemment que ces dernières ne possèdent ni les informations, ni l'expertise, ni le pouvoir de négociation requis pour faire valoir leurs droits. Il est essentiel d'assurer une implication authentique des communautés concernées, de développer leurs compétences juridiques et organisationnelles, et d'établir des systèmes de contrôle autonomes afin de garantir le respect continu des engagements pris.

En définitive, toute stratégie agricole orientée vers l'avenir doit nécessairement intégrer des critères de durabilité. Il ne s'agit pas d'un luxe, mais d'une nécessité cruciale : promouvoir des méthodes de production qui préservent les sols, la biodiversité et les ressources en eau. Pour garantir le succès, il est primordial d'améliorer la formation en agronomie au niveau local, de diffuser les bonnes pratiques auprès des agriculteurs et d'associer les investissements à des engagements environnementaux quantifiables.

En somme, l'établissement d'un développement agricole véritablement inclusif, juste et durable ne peut être réalisé qu'à travers une gouvernance rigoureuse, alliant le respect des principes à la flexibilité du dialogue.

De plus, il est essentiel d'adopter une perspective à long terme, intégrant la mise à niveau des infrastructures, la formation des agriculteurs et l'accès aux marchés tant locaux qu'internationaux.

Il est tout aussi important que les décisions soient centrées sur les communautés locales et que celles-ci soient associées, à différents niveaux, aux processus de planification et de gestion des projets agro-industriels. Leur rôle peut prendre la forme de négociations sur le foncier, de participation aux consultations publiques, de contributions aux études d'impact, de mobilisation d'une main-d'œuvre locale qualifiée, ou encore de suivi social et environnemental pour veiller au respect des engagements pris par les entreprises. Des structures formelles, telles que les coopératives agricoles ou les partenariats public-privé inclusifs, pourraient renforcer la robustesse des petits agriculteurs tout en attirant des investissements.

En conjuguant transparence, inclusion et développement durable, le secteur de l'agrobusiness au Sénégal pourrait contribuer à assurer la sécurité alimentaire, à générer des emplois et à réduire la pauvreté, tout en protégeant l'environnement et les droits des citoyens.

Conclusion

Au fil des chapitres, une chose devient évidente : la résilience des communautés rurales du Sénégal dépasse de loin un acte héroïque ou l'usage d'un mot à la mode. C'est une manière d'être qui se construit à travers l'histoire, les enjeux, les soutiens locaux et l'envie de transmettre le flambeau.

Toutefois, la simple résilience n'est pas suffisante. Il est nécessaire de soutenir et d'écouter cette voix, de la reconnaître comme un vecteur d'évolution, et non comme une excuse pour maintenir l'inaction ou le laisser-aller. Si les zones rurales sont à la fois les plus vulnérables et les plus essentielles pour l'avenir du Sénégal, elles nécessitent donc une attention davantage équitable, précise et engagée. Lorsque l'on prend en compte les leçons tirées du terrain, cela remet en question les méthodes excessivement théoriques. Elles soulignent que le développement ne peut être décidé depuis les bureaux : il se construit à l'intersection des connaissances locales, de la volonté politique et d'un soutien à la fois rigoureux et respectueux.

Ainsi, ce livre n'est pas une conclusion définitive. Il constitue un appel à poursuivre le dialogue avec les régions, à accorder sa confiance aux intervenants locaux et à intégrer toute initiative de développement dans une philosophie fondée sur la présence, l'écoute et la justice.

ANNEXES

DÉVELOPPEMENT RURAL & GOUVERNANCE

- **Agrobusiness** - Secteur agricole à grande échelle avec logique entrepreneuriale
- **Agriculture familiale** - Système de production basé sur la main-d'œuvre familiale
- **Décentralisation** - Transfert de compétences vers les collectivités territoriales
- **Développement durable** - Approche répondant aux besoins présents sans compromettre l'avenir
- **Épicentre** - Centre communautaire servant de plateforme de développement
- **Pauvreté multidimensionnelle** - Concept dépassant la seule dimension économique
- **Plan Sénégal Émergent (PSE)** - Stratégie nationale de développement
- **Souveraineté alimentaire** - Capacité à assurer l'autosuffisance alimentaire

SYSTÈMES AGROPASTORAUX

- **Transhumance** - Migration saisonnière du bétail pour trouver pâturages et eau
- **Intégration agriculture-élevage** - Combinaison des productions végétale et animale
- **Culture fourragère** - Plantes cultivées spécifiquement pour l'alimentation du bétail
- **Race Ndama** - Bovin trypano-tolérant adapté aux zones humides

- **Race Gobra** - Bovin laitier productif, mais vulnérable aux maladies
- **Corridors de transhumance** - Couloirs de passage définis pour les troupeaux
- **Zone sylvo-pastorale** - Région où dominent les activités forestières et pastorales

RESSOURCES NATURELLES

- **Hivernage** - Saison des pluies en Afrique de l'Ouest
- **Harmattan** - Vent chaud et sec venu du Sahara
- **Citerne de récupération des eaux de pluie** - Infrastructure de stockage d'eau
- **Forage** - Ouvrage de captage des eaux souterraines
- **Périmètre maraîcher** - Zone agricole aménagée pour la culture de légumes
- **Désertification** - Dégradation des terres dans les zones arides

APPROCHES MÉTHODOLOGIQUES

- **Approche TRAC** - Méthodologie en 5 étapes (Toucher, Responsabiliser, Approprier, Accompagner, Consolider)
- **Approche holistique** - Vision globale intégrant toutes les dimensions du développement
- **Approche descendante (Top-down)** - Modèle où les décisions viennent d'en haut
- **Développement endogène** - Modèle s'appuyant sur les ressources et savoirs locaux

- **Renforcement des capacités** - Processus de formation et d'autonomisation des acteurs locaux

ACTEURS & SYSTÈMES SOCIAUX

- **Talibés** - Jeunes élèves des écoles coraniques
- **Woppu yaha** - Peugeot 404 bâchées utilisées comme transport collectif
- **Sept serments peuls** - Code moral traditionnel (ne pas voler, ne pas mentir, etc.)
- **Dahira** - Groupe religieux musulman pouvant inspirer des modèles de développement
- **Tontine** - Système d'épargne collective traditionnel
- **Matrones** - Femmes expérimentées assistant les accouchements

PROBLÉMATIQUES SOCIALES

- **Exode rural** - Départ des populations des campagnes vers les villes
- **Déperdition scolaire** - Abandon des études, souvent pour travailler dans l'agrobusiness
- **Conflits agriculteurs-éleveurs** - Tensions liées au partage des ressources
- **Précarité de l'emploi** - Conditions de travail instables et peu protégées
- **Mécanisation agricole** - La mécanisation agricole désigne l'usage de machines pour remplacer ou faciliter les tâches manuelles afin d'améliorer la productivité, un processus qui suscite toutefois des craintes chez les travailleurs agricoles.

CONCEPTS INNOVANTS

- **Baobab (modèle économique)** - Métaphore d'un développement s'ancrant dans les territoires
- **Boucle vertueuse agro-pastorale** - Échange paille de riz contre réduction du coût de l'eau
- **Redevance foncière** - Taxe proposée sur les superficies exploitées par les agrobusiness
- **Valorisation des résidus agricoles** - Utilisation des sous-produits comme ressources
- **Biodigesteur** - Système de production de biogaz à partir de déjections animales

TERRITOIRES EMBLÉMATIQUES

- **Mbeubeuss** - Décharge à ciel ouvert ayant impacté négativement l'économie locale de Malika
- **Vallée du fleuve Sénégal** - Zone à fort potentiel agricole
- **Ferlo** - Région naturelle du nord du Sénégal, zone pastorale
- **« Villages blancs »** - Villages déplacés et reconstruits par la société agricole indienne basée à Syer

GUIDE MÉTHODOLOGIQUE TRAC : PRINCIPES, PUBLIC CIBLE ET ÉTAPES CLÉS

Objet et public cible

Ce guide méthodologique a été créé pour remédier à l'impact limité des projets de développement, souvent dû à un manque de synergie entre les acteurs, une méconnaissance des réalités locales et une implication tardive des populations. Il s'adresse aux ONG, organisations de développement et collectivités territoriales.

L'approche TRAC

Le guide propose une approche structurée en cinq étapes, nommée TRAC :

- **Toucher** : Cette phase initiale et cruciale consiste à entrer en contact avec les populations pour comprendre le milieu dans sa globalité (aspects physiques, environnementaux, socio-culturels, économiques). Elle combine :

  - ✓ L'observation (externe et participante) pour recueillir des informations.

  - ✓ Les entretiens (formels et informels) avec les habitants et les personnes-ressources.

  - ✓ L'analyse des potentialités, de la démographie, de la configuration socio-politique et socio-économique de la localité.

- **Responsabiliser** : Il s'agit d'identifier et d'impliquer les personnes et organisations communautaires légitimes, expérimentées et disponibles pour porter le projet. La sélection doit se faire de manière consensuelle avec la communauté.

- **Approprier :** Pour assurer la durabilité du projet après la fin du financement, il est essentiel d'associer les bénéficiaires dès l'identification du projet et de mettre en place des mécanismes de gouvernance dont ils sont les principaux acteurs pour susciter l'appropriation.

- **Accompagner** : Un accompagnement pour garantir la pérennité des actions pendant et après le projet. Cela passe par :

  - ✓ La mise en place de comités (de suivi et de gestion) pour piloter les activités.

  - ✓ Le renforcement des capacités des acteurs locaux via des formations adaptées.

  - ✓ Mettre en place des activités génératrices de revenu si nécessaire, cela dépend des types de projets.

- **Consolider les acquis du projet**

  - ✓ Capitalisation des apprentissages :

Rassembler les expériences, succès et échecs vécus pendant le projet pour en tirer des enseignements utiles à l'avenir.

  - ✓ **Évaluation des résultats** :

Comparer les résultats obtenus avec les objectifs initiaux à l'aide d'indicateurs de performance (KPI).

  - ✓ **Documentation et archivage** :

Mettre à disposition des livrables, rapports, retours d'expérience et bonnes pratiques dans un espace commun pour faciliter la réutilisation.

  - ✓ **Diffusion et partage des acquis** :

Organiser des réunions de restitution ou des formations pour transmettre les connaissances acquises à l'ensemble de l'équipe ou de l'organisation.

Conclusion

La réussite et la pérennité d'un projet de développement reposent sur une implication précoce et réelle des populations, une responsabilisation des acteurs locaux et un accompagnement soutenu. L'approche TRAC fournit un cadre méthodologique pour y parvenir.

BIBLIOGRAPHIE

OUVRAGES FONDAMENTAUX

DIOP, Cheikh Anta (1954). Nations nègres et culture

KI-ZERBO, Joseph. Collaboration à l'Histoire générale de l'Afrique

OBENGA, Théophile. Collaboration à l'Histoire générale de l'Afrique

RAPPORTS INSTITUTIONNELS

BIT (Juin 2000). Rapport sur la sécurité et la santé dans l'agriculture

Banque Mondiale (2022). Travaux sur les incitations fiscales dans le développement agricole

OCDE (2023). Études sur les politiques agricoles cohérentes

FAO. Recommandations sur la gouvernance responsable des ressources agricoles

ÉTUDES ET RECHERCHES

CIRAD (2024). Données sur l'occupation des terres arables par l'agrobusiness

IAGU (2009). Impact de la décharge de déchets solides sur les ressources en sols et en eaux souterraines à Dakar 2008-2009

IPAR (2016). Analyse des contraintes structurelles de l'agriculture sénégalaise

Étude sur le projet de riposte et de résilience de l'agriculture face à la COVID-19 (Novembre 2020)

Table des matières

Structures éditoriales du groupe L'Harmattan

L'Harmattan Italie
Via degli Artisti, 15
10124 Torino
harmattan.italia@gmail.com

L'Harmattan Hongrie
Kossuth l. u. 14-16.
1053 Budapest
harmattan@harmattan.hu

L'Harmattan Sénégal
10 VDN SICAP AMITIE 3
BP 45034 Dakar-Fann
direction@senharmattan.com

L'Harmattan Cameroun
Tsinga/Derrière polyclinique FECAFOOT
BP 11486 Yaoundé
Jacques.koukam@harmattan.fr

L'Harmattan Burkina Faso
Villa 281, secteur 23 623, rue 14.32
Ouagadougou
zagbie@outlook.fr

L'Harmattan Guinée
Almamya, rue KA 028 OKB Agency
BP 3470 Conakry
harmattanguinee@yahoo.fr

L'Harmattan RDC
185, avenue Nyangwe
Commune de Lingwala – Kinshasa
matangilamusadila@yahoo.fr

L'Harmattan Congo
219, avenue Nelson Mandela
BP 2874 Brazzaville
deunovmikhael@gmail.com

L'Harmattan Mali
Immeuble Mgr Jean Marie Cissé
Aci Hamadallaye
BP 145 Bamako
syllaka@yahoo.fr

L'Harmattan Togo
Djidjole – Maison Amela
face EPP BATOME
02 BP 20680 Lomé
didieramela11@gmail.com

L'Harmattan Côte d'Ivoire
Résidence Karl – Cité des Arts
Abidjan-Cocody
03 BP 1588 Abidjan
harmattan.ivoire@gmail.com

L'Harmattan Bénin
Rue 604, (Immeuble à l'entrée
de la rue UCAO- Cite de Saint-Jean)
Cotonou
stepcorpus@gmail.com

Nos librairies en France

Librairie internationale
16, rue des Écoles
75005 Paris
librairie.internationale@harmattan.fr
01 40 46 79 11
www.librairieharmattan.com

Librairie des savoirs
21, rue des Écoles
75005 Paris
librairie.sh@harmattan.fr
01 46 34 13 71
www.librairieharmattansh.com

www.ingramcontent.com/pod-product-compliance
Lightning Source LLC
LaVergne TN
LVHW010939061026
849535LV00007B/2479